도/해/식

圖解式

도/해/식

1판 1쇄 발행 2019년 03월 01일

지은이 : 우석진
펴낸이 : 우석진
편집 디자인 : 김효정

펴낸곳 샌들코어
출판신고 제 2017-000004호(2012년 6월 26일)
경기도 여주시 신단1길 46
홈페이지 www.sandalcore.com
전 화 02)569-8741
팩 스 02)6442-5013
도서문의 dalgonas@gmail.com

ⓒ 우석진
ISBN 978-89-98001-11-7

이 책은 저작권법에 따라 보호받는 저작물이므로 무단전재와 무단복제를 금지합니다.
이 책 내용의 전부 또는 일부를 이용하려면 반드시 저작권자와 샌들코어의 서면동의를 받아야 합니다.

- 잘못된 책은 구입처에서 바꿔 드립니다.
- 책값은 뒤표지에 있습니다.

이 도서의 국립중앙도서관 출판예정도서목록(CIP)은 서지정보유통지원시스템 홈페이지(http://seoji.nl.go.kr)와
국가자료공동목록시스템(http://www.nl.go.kr/kolisnet)에서 이용하실 수 있습니다.
(CIP제어번호 : CIP2019004297)

※ 본 도서에는 무료폰트(한돈, kopub, 순바탕, 조선일보 명조, 여기어때 잘난체)가 사용되었습니다.

도/해/식

샌들코허

PROLOG

그래픽 레코딩

회의에서 방향을 잃지 않도록 핵심 내용과 아이디어를 큰 종이에 이미지와 텍스트로 기록하는 그래픽 레코딩 (Graphic Recording). 회의가 끝나면 완성된 대형 그림을 촬영하고 그 이미지를 메일과 소셜네트워크로 전송하거나 출력, 인쇄, 스크린세이버로도 활용된다. 논의했던 핵심 내용을 구성원들과 공유하고 확산할 수 있다.

아이디어를 실시간으로 그림 한 장에….

그래픽 레코딩을 아시나요?

- 매일경제

"파워포인트는 식상해"…. 美 그래픽 레코딩 뜬다!

- 한국경제

잘 정리된 그래픽 하나, 보고서 한 권보다 낫죠….

- 매일경제

'그래픽 레코더(Graphic recorder)' 라는
새로운 직업이 뜨고 있다!

- 하버드비즈니스리뷰(HBR)

image : www.pexels.com

파워포인트 회의에 식상한 기업들 사이에서 1970년대 유행한 '아날로그' 감성의 그래픽 레코딩이 부활하고 있다고 HBR은 전했다. 파워포인트는 편리하고 익숙한 반면 집중력과 창의성을 떨어뜨린다는 비판도 있다. 마틴 에플러 스위스 생갈대 교수는 "그래픽 레코딩의 경우 사람들의 의견 개진에 따라 실시간으로 그림을 추가하여 살아있는 토론이 가능해 머릿속에 깊은 인상을 남긴다."고 말했다.

- 한국경제 2018. 10 내용 갈무리

PROLOG

그래픽 레코더

회의 내용을 실시간 레코딩하여 회의를 촉진하는 자. 그래픽 퍼실리테이터(Graphic Facilitator)라 부르기도 한다. 회의 주제와 참여자의 의견을 충분히 이해하고 반영할 수 있는 확산적 사고와 전체 흐름을 파악하여 빠르게 핵심을 작성·표현하는 순발력이 요구된다. 평소 다양한 경험과 지식으로 변화와 현상에 대한 새로운 정의를 내리고, 새로운 관점으로 관찰하여 핵심 패턴을 찾는 노력이 필요하다.

그래픽 레코더들은 어떻게 생각하고 쓰고 그려서 표현할까? 핵심을 빠르게 정의하는 능력과 화려한 표현 스킬. 감각적인 손놀림 속에 숨어 있는 비밀은 무엇일까? 그들이 생각하고 표현하는 원리와 흐름을 설득 현장에 적용하면 어떤 변화가 일어날까?

1. 초점 맞추기 : 내 생각의 방향과 의도를 찾는다.
2. 정의하기 : 할 말을 명확하게 규정한다.
3. 쓰기 : 핵심 문장을 쓴다.
4. 표현하기 : 쉽고 빠르게 그린다.
5. 원 페이지 : 정보를 제대로 담아 완성한다.

PROLOG

도/해/식

그림과 도형으로 풀어내는 그래픽 레코더들의 독특한 설득 방정식. 전달하려는 아이디어의 핵심을 찾아 단순한 그림(도해)과 일정한 형식(도식)으로 드로잉하여 원 페이지를 완성한다. 그래픽 레코더들이 특별하게 생각하고 정의하고 표현하는 방식을 제대로 활용한다면 설득력 높은 결과물을 얻을 수 있다.

구글에서 '그래픽 레코딩'을 찾아보면 몇 가지 특징이 있는데 그것은 화려하고 전문적이고 그림 실력이 높다는 것이다. 결국 좋은 것은 알겠지만 나와 거리가 멀고 관련이 없다고 선을 긋는다.

하지만 불가능은 사전에만 있는 것. 우리는 그래픽 레코더의 생각하고 표현하는 원리만 나의 이력서, 보고서, 회사 소개서, 제안서, 홍보 자료에 펼칠 수 있으면 된다. 이런 간절한 마음으로 도/해/식 책을 그리고 써 내려 갔으니 한번 믿어 보시라 권한다.

- 저자 우석진 -

Contents

PROLOG ... 4

RECORDING : 도/해/식으로 풀어요, 그래픽 레코딩 ... 12
   1단계 : 파악해요 ... 22
   2단계 : 정의해요 ... 26
   3단계 : 연상해요 ... 30
   4단계 : 그려봐요 ... 34
   5단계 : 만들어요 ... 40
   *추가 : 벗어나요 ... 46

NUMBERS : 기억이 오래 가요, 숫자 ... 50
   도/해/식에서 숫자 1, 2, 3을 잘 사용하려면? ... 64
   도/해/식 드로잉에는 어떤 펜이 좋을까? ... 68

LINE : 서로 이어줘요, 선 72
　드로잉 라인은 어떻게 구분해서 그려야 할까? 86
　드로잉 결과와 슬라이드 중 어떤 것이 더 매력 있을까? 88

ARROW : 방향을 말해요, 화살표 90
　드로잉한 결과를 슬라이드로 옮기려면? 106

CIRCLE : 뭐든지 가능해요, 원 108
　연상이 어려워서 드로잉도 할 수 없다면? 120

TRIANGLE : 너무 완벽해요, 삼각형 122
　도/해/식 드로잉 실력을 빨리 올리고 싶다면? 138

Contents

RECTANGLE : 규칙이 중요해요, 사각형 — 140
슬라이드에서 도/해/식 형태를 쉽게 만들고 싶다면? — 154
도/해/식으로 사용할 픽토그램을 빠르게 구하려면? — 156

HEXAGON : 연결하고 분리해요, 육각형 — 160
일관되고 통일성 있는 도/해/식을 완성하려면? — 174

MODULE : 합치면 변신해요, 모듈 — 176
도/해/식 배경으로 사진을 사용하고 싶다면? — 190

TIMELINE : 흐름이 보여요, 타임라인 — 192
도/해/식에서 중요도에 따라 강약을 조절하려면? — 206

METAPHOR : 의미가 깊어져요, 메타포 208
　도/해/식에서 메타포의 수준을 높이려면? 236

EPILOGUE 240

RECORDING

도/해/식으로 풀어요
그래픽 레코딩

왜 이해 못하지?

하…. 세상 복잡하네
이런! 양이 너무 많잖아

좀 더! 짧고 쉽게 안 돼?

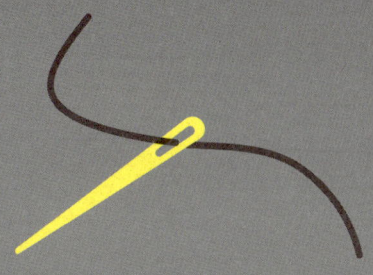

뭐가 문제야?

음…. 할 말이 뭔데?
이게…. 상대가 관심 있을까?

간단하게 도해로 그려봐!

요약 했는데?

그냥 압축하지 말고
정리만 하지 말고

의도를 분명히 해서
새롭게 정의해야지!

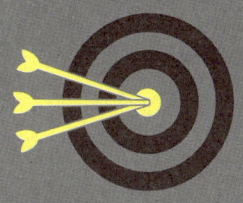

도해를 그리라고?

자꾸 나열하지 말고
사각형 박스만 그리지 말고

할 말을 키워드로 연상해서
단순하게 드로잉 해봐!

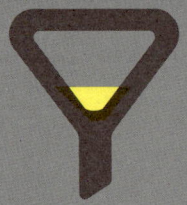

원 페이지 써머리로

제목은 메시지로 구체적으로
양은 최대한 적게

정보 오류는 없게!
진짜 핵심을 정의해봐!

그래픽 레코딩으로

의도를 큰 그림으로
가장 간단한 방법으로

구조, 관계, 변화를 생각해!
도/해/식으로 풀어봐!

3단계
연상해요
상징 도형이나 메타포를 떠올립니다

2단계
정의해요
하려는 말을 한 문장으로 씁니다.

1단계
파악해요
전달하려는 내용을 충분히 이해합니다.

4단계
그려봐요
흰 종이에 러프하게 드로잉합니다.

5단계
만들어요
최소한의 표현으로 슬라이드를 작성합니다.

*추가 6단계
벗어나요
정답 말고 좀 더 색다른 것을 꾀합니다.

도해식
STEP 5

1단계

파악해요
전달하려는 내용을 충분히 이해합니다.

더 깊고 충분하게

주어진 사실과 Data를 충분히 검토하는 일은 아무리 강조해도 지나침이 없습니다. 여기서 검토란 단순히 내용을 훑어보는 것을 넘어 사실과 상황에 대한 의미와 이유를 포함하여 큰 관점에서부터 세밀한 분석까지를 뜻합니다.

도/해/식을 위한 내용 파악 단계에서는 전달하려는 핵심, 전체 구조, 흐름, 관계, 변화를 중점으로 살펴봅니다.

만약 글과 말로도 쉽게 이해된다면 굳이 애써 그림으로 풀어내거나 정해진 형식과 패턴에 담을 필요 없습니다. 도/해/식으로 전달하려는 핵심을 그리려면 해당 내용을 충분히 알아야 하고 자료도 부족하지 않아야 합니다. 좀 더 나아가 연결된 정보, 비교 값, 배경 상황, 관련 내용까지 검토합니다.

1. 무엇을 말하려고 하는가?
2. 의미 있는 정보는 무엇인가?
3. 원인-결과, 문제-해결로 말한다면?
4. 정보는 어떤 구조와 관계를 갖는가?
5. 변한 것, 변할 것은 무엇인가?

1단계
파악해요
전달하려는 내용을 충분히 이해합니다.

그렇다면 내용 파악이 잘 된 경우는 무엇일까? 결과를 봤을 때 전달할 내용이 명확하고 할 말이 무엇인지 구체적으로 그려지게 됩니다. 반대의 경우는 모호한 단어와 문구로 표현되어 아무리 보고 읽어도 무슨 뜻인지 이미지가 그려지지 않습니다.

명쾌하게 정보를 전달하고 싶다면 내용을 충분히 파악한 후 상대의 질문인 '그러니까 무엇을 말하고 싶습니까?', '왜 그래야 하나요?'와 같은 물음에 제대로 대답할 수 있어야 합니다.

STEP 01 최적화된 결과를 위해서는
현실적인 과제 도출이 필요하겠군.

STEP 02 지속적인 성장을 위해서는
여러 장벽을 넘어야 할 텐데….

STEP 03 두 개의 과제를 통과해야
지금의 고속 성장세를
유지할 수 있을 거야.

제대로 새롭게

　도/해/식으로 정보를 전달할 때 오류가 자주 발생하는 지점은 내용을 파악한 후 너무 당연한 키워드와 문장으로 정의해버리는 순간입니다. 말하고 싶은 내용을 제대로 다르게 정의하지 못한 채 도해와 도식에 담아서 전달하는 경우는 그래픽은 좋아 보일지 모르나 알맹이가 부실해서 설득이라는 최종 목표에 다가서지 못합니다.

　표현은 내용의 충실도가 높을 때만 빛나는 법. 누구나 사용 가능한 개념화된 정의로는 상대의 관심을 끌어낼 수 없죠.

　부사, 형용사 같은 수식어와 전문용어, 최상위 표현 등을 줄이고 옆 사람에게 말하듯 편한 단어와 구체적인 문장으로 정의해야 합니다.

2단계
정의해요
하려는 말을 한 문장으로 씁니다.

1. 그러니까 한마디로 할 말이 뭐지?
2. 왜 이렇게 정의해야 할까?
3. 무엇을 어떻게 한다는 거지?
4. 키워드와 문장으로 쓰면 어떻게 될까?
5. 이번 정의는 기존과 무엇이 다를까?

도해식 STEP 5

STEP 01 우리에겐 도전 과제가 존재합니다.

STEP 02 우리에겐 두 개의 중요한 도전 과제가 있습니다.

STEP 03 우리는 두 개의 장애물을 반드시 넘어야만 성장합니다.

STEP 04 우리는 경험과 새로움이라는 두 개의 허들을 넘어야 합니다.

STEP 05 경험과 새로움은 성장을 위한 허들입니다.

2단계
정의해요
하려는 말을 한 문장으로 씁니다.

전달하고 싶은 말이 무엇인지 의도를 구체적으로 정의하고 쓸 수 있어야 도/해/식에 담아낼 수 있습니다. 수식어는 숫자와 동사로 바꿔보고, 추상적이고 모호한 표현은 연상, 치환, 상징으로 바꿔서 손에 잡히거나 머릿속에 그려지도록 정의해야 합니다.

빗대거나 치환하거나

원에 담을 때 좋아 보이는 주제가 있고 육각형에 담아야 빛나는 정보가 있습니다. 같은 내용이라도 어떤 모양의 그릇에 담느냐에 따라 상대에게 전달되는 의미가 달라지게 되는데 이는 생각을 도/해/식으로 풀어낼 때 중요한 기준입니다.

이때는 앞 단계에서 정의한 문장속에서 빗대거나 치환할 수 있는 도형을 찾아서 적용하는 것으로 시작합니다.

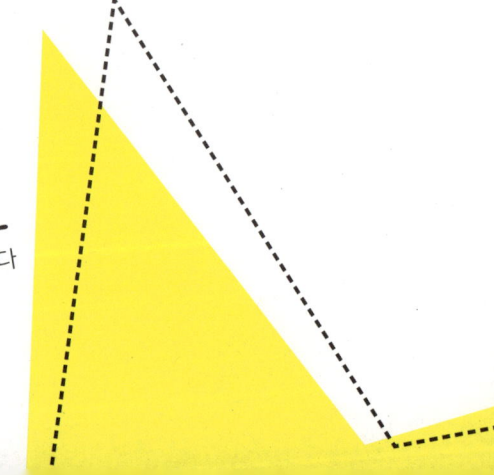

3단계
연상해요
상징 도형이나 메타포를 떠올립니다

연상을 잘하는 그래픽 레코더들은 도형의 속성을 꿰뚫어 보는 사람입니다. 그들은 숫자, 원, 삼각형, 사각형, 육각형, 직선, 곡선, 화살표 등 각 도형이 지닌 성격과 말하려는 내용을 빠르게 찾아 연결합니다. 더 나아가 상징과 비유를 활용하여 풍부하게 의미를 담아냅니다.

1. 하고 싶은 말을 기본 도형에 담는다면?
2. 내용의 전체 그림은 어떤 도형을 닮았을까?
3. 정의한 정보를 ' ~과 같다'라고 말한다면?
4. 비유될 수 있는 상황, 사물, 현상이 있다면?

경험과 새로움은
성장을 위한 허들입니다

1. 기본 도형으로 그린다면 두 개의 원
2. 상징한다면 허들, 계단 오르기
3. 어려운 것을 강조한다면 Barricade
4. 복잡한 것을 해낸다면 미로 찾기
5. 긴 거리를 뛰어넘어야 한다면 Bridge

이미 정의한 문구에 상징물인 허들이 있다면 1차 연상은 끝난 상황이네요. 두 개의 원과 허들로 시작해서 2~3차로 다양한 연상을 전개해 봅니다.

3단계
연상해요
상징 도형이나 메타포를 떠올립니다

경험 성장 새로움

성장 — 경험 / 새로움

경험 새로움
성장

벽돌

차단기

장애물 넘기

방어 시설 제거

허들 달리기

공사중

다리 건너기

계단 오르기

미로 찾기

icon : thenounproject.com

도해식
STEP
5

도형으로 단순하게

    미술이나 디자인 관련 전공자가 아닌 경우 그림을 그리는 행위에서 가장 부담을 느끼는 대목은 '나는 그림에 소질이 없어'입니다. 하지만 도/해/식에서 그림을 잘 그리는 것은 선택사항입니다. 오히려 전달하려는 내용이 어느 모양의 도형과 닮았는지 어떤 구조와 흐름이 맞는지 생각하고 머릿속 아이디어를 정의하는 능력이 더 중요하기 때문이죠.

4단계 그려봐요

흰 종이에 러프하게 드로잉합니다.

그림과 표현이 능숙하지 않아도 동그라미와 화살표는 누구나 그릴 수 있을 테니 도/해/식 드로잉은 동그라미와 화살표로 시작하면 문제가 해결됩니다. 이때는 강제 조항을 적용하여 기본 도형과 선만으로 간단하게 그리는 훈련을 하면 그림을 잘 그려야 한다는 부담을 덜 수 있습니다.

도/해/식에서 아이디어를 그림 형식으로 풀어낼 때 필요한 것은 멋진 그림이 아닌 이해되는 그림이라는 것을 언제나 기억하세요.

1. 동그라미 두 개와 화살표로 그린다면?
2. 기본 도형과 선으로만 그려야 한다면?
3. 메타포를 사용한다면 어떤 것이 좋을까?

처음은 도형과 선으로만 생각을 그려봅니다. 이때는 동그라미 두 개로 말하고 싶은 대상, 즉 문제와 해결이라는 중요 항목을 설정하고 선과 화살표로 전체 이야기 구조를 그리는 것이 좋습니다.

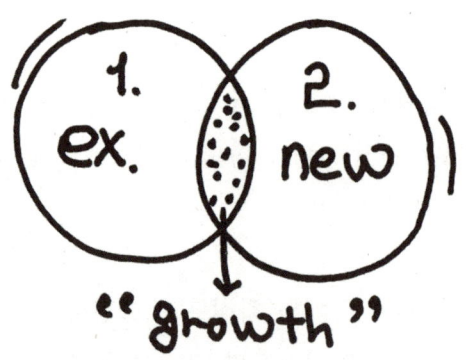

벤다이어그램 형식으로 두 개의 원(새로움과 경험)을 그리고
그 속에서 미래 성장 동력이 탄생한다고 가정해보자.

4단계
그려봐요
흰 종이에 러프하게 드로잉합니다.

도형과 화살표로 생각한 아이디어의 기본을 그렸다면 문장을 다르게 쓰고 그 의미에 맞게 원의 크기와 위치를 바꿔봅니다. 선의 종류에 따라 달라지는 느낌을 고려하면서 말하고 싶은 내용이 간단한 도/해/식에 담길 수 있도록 다양하게 그립니다.

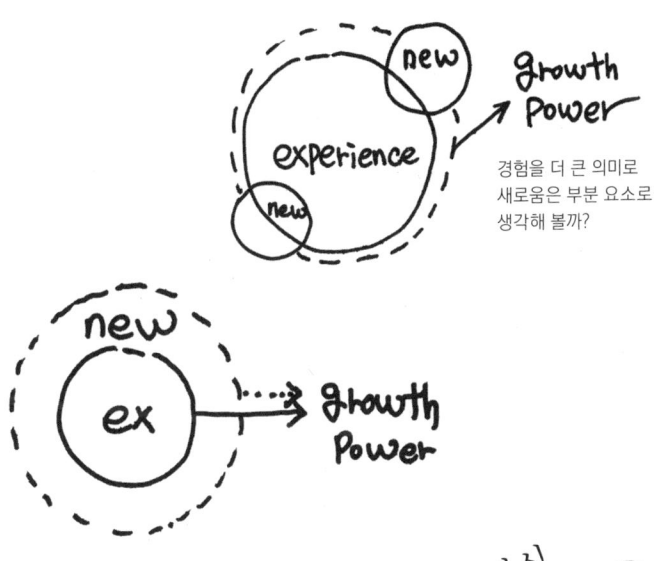

경험을 더 큰 의미로 새로움은 부분 요소로 생각해 볼까?

새로움은 경험을 포함해야만 성장 동력이 된다고 말할까?

어떤 말을 할 것인가에 따라서 원과 선의 종류와 두께가 달라져야 한다.

도해식 STEP 5

비슷한 그림을 사용하더라도 말하려는 의도, 원인, 결과 등이 새롭게 포함된다면 도/해/식의 수준은 높아집니다. 어떤 말을 하고 싶은지 구체적인 상황을 떠올려 보고 그 의미를 포함해서 원과 선을 다르게 그려야 합니다.

단순히 벤다이어그램으로 같은 두 원을 그려서 설명하면 재미 없다. 장애물 때문에 굴러가지 않는 큰 공을 연상하고 해결책을 제시한다면 색다르고 유쾌한 도해식 드로잉이 완성된다.

4단계
그려봐요
흰 종이에 러프하게 드로잉합니다.

다음 단계는 메타포(직유, 은유)를 사용할 차례입니다. 앞서 정의했던 문구에 이미 허들이라는 메타포가 있으니 여러 상황의 허들로 그려본 후 길이, 넓이, 앞뒤 관계 등을 바꿔가면서 전개해 봅니다.

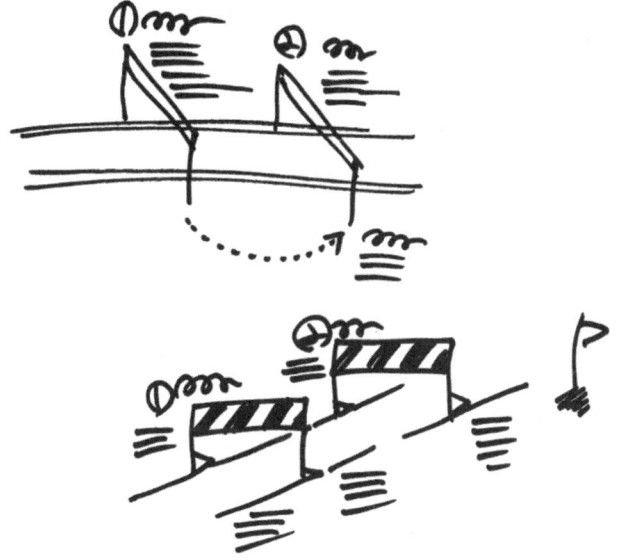

두 개의 과제, 두 개의 관문, 두 개의 허들,
두 개의 차단기 등을 연상해서 그려 보자.

허들을 넘기 위한 노력, 허들의 이름,
허들과 허들 사이의 간격, 도착하려는 목표 등을
고민하면서 그려야 한다.

5단계
만들어요
최소한의 표현으로 슬라이드를 작성합니다.

최소한으로 빠르게

어쩌면 지금 나에겐 멋진 그래픽 작품 슬라이드가 아닌 명확하게 핵심을 담은 한 페이지 써머리가 필요한 것이 아닐까?

맞습니다. 우리에겐 디자이너들이 만들법한 감성적인 표현과 뛰어난 그래픽 작품이 아닌 전달하려는 정보의 알맹이가 제대로 담긴 원 페이지가 더 절실한 현실입니다.

도/해/식의 목적이 표현의 수준과 숙련도라면 우리 모두 학원으로 달려가 표현 기법을 연마해야 합니다. 하지만 다행히 우리에게 요구되는 것은 주어진 사실과 Data에서 전달하려는 핵심을 정의하고 작성한 후 제대로 전달하고 설득하는 과정의 능력입니다.

　　그러므로 도/해/식으로 슬라이드를 작성하고 원페이지를 구성할 때는 드로잉 결과를 그대로 사용하거나 파워포인트와 키노트 같은 슬라이드웨어와 픽토그램 사이트의 도움을 받아 최소한의 에너지만 사용해야 합니다. 자신이 정의하고 그려낸 도해를 디지털로 옮기는 정도의 수준이면 충분하니까요.

5단계
만들어요
최소한의 표현으로 슬라이드를 작성합니다.

손으로 끄적거린 그림이 가장 훌륭한 슬라이드라는 사실을 아는 사람은 많지 않습니다. 오히려 멋진 아이콘과 픽토그램이 있어야 가능하다고 여기죠. 하지만 손으로 그린 결과를 슬라이드에 옮겨 담을 수 있다면 멋지게 뽐낼만한 원 페이지 도/해/식 작품이 탄생합니다.

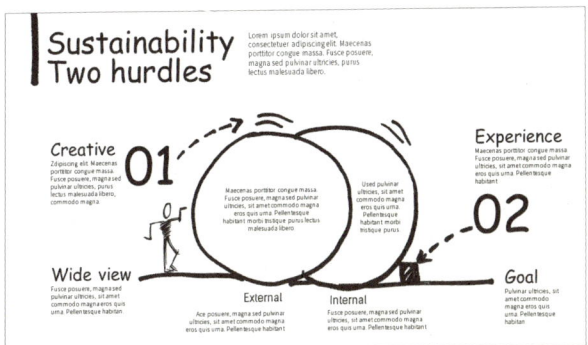

새로움과 경험으로 성장하기 위해서는 원인을 제거하고 힘을 모아야 합니다

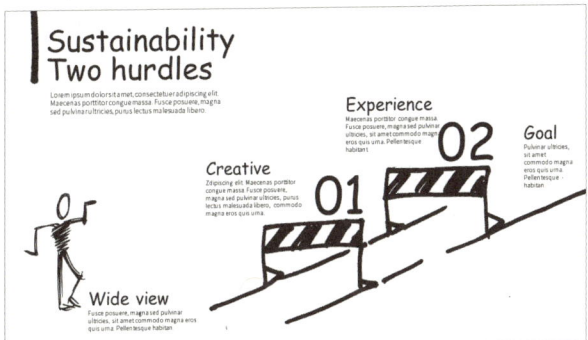

목표지점까지 두 개의 허들을 빠르게 넘어야 합니다
손으로 그린 도해식을 흑백으로 슬라이드에 옮기고
레이아웃에 맞게 살짝 변형하여 사용하자.

5단계
만들어요
최소한의 표현으로 슬라이드를 작성합니다.

손으로 그린 도/해/식으로도 충분히 이해된다면 그 자체를 슬라이드로 만듭니다. 만약 파워포인트와 키노트가 더 유리하다면 최소한의 시간과 노력을 들입니다. 표현의 수준이 높으면 좋겠지만 조금 아쉽더라도 의미만 제대로 전달된다면 그걸로 충분합니다.

슬라이드 작업은 앞 단계에서 정의하고 그린 것을 재현하는 것에 불과합니다. 그러니 정의하기-연상하기-그리기의 단계가 잘 이루어져야 최종 도/해/식의 완성 수준도 올라갈 것입니다.

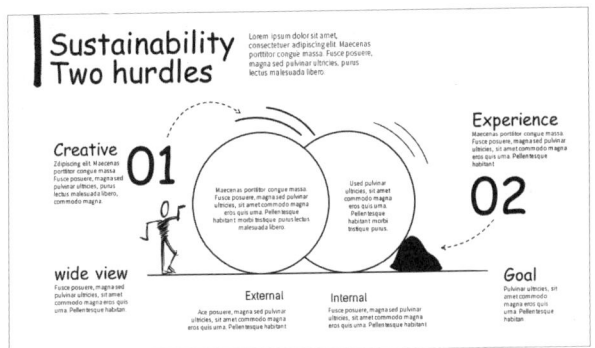

도형 기능으로 드로잉 결과를 재현할 수 있다면 그걸로 충분하다.

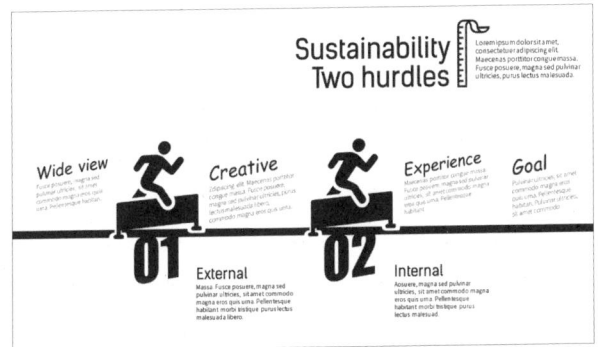

앞 단계에서 메타포로 정의했던 허들을 픽토그램으로
찾아서 슬라이드를 제작해도 OK.
icon : thenounproject.com

다르게 구체적으로

    정보를 제대로 전달하려면 먼저 상대가 도움이 된다고 느껴야 합니다. 그 어떤 사실이라도 자신에게 도움이 되지 않으면 관심이 낮아지기 때문이죠. 둘째는 기존 정보와 다르고 새로워야 합니다. 즉 놀랍거나 모르고 있었던 내용, 또는 다른 관점이어야만 정보에 대한 매력과 집중도가 높아지게 됩니다.

셋째, 되도록 구체적이어야 합니다. 아무리 도움이 되고 새롭더라도 구체적이지 않으면 현실적이지 않고 손에 잡히지 않으니 누구나 말할 수 있는 흔한 주장에 그치게 됩니다.

정보의 의미를 높이기 위해서는 앞서 5단계를 거쳐서 탄생한 도/해/식 결과를 놓고 더 달라질 수 없는지 질문합니다. 정답에 가깝거나 전형성에 사로잡혀 있다면 낯설고 새로운 방향을 생각합니다. 생각을 확산할수록 정보는 더욱 빛날 테니까요.

1. 기존과 다른 것이 무엇일까?
2. 좀 더 구체적으로 말할 수 없을까?
3. 새로운 관점으로 볼 수 없을까?

*추가
6단계
벗어나요
정답 말고 좀 더 색다른 것을 꾀합니다.

성장을 위해서 두 개의 과제를 해결해야 한다고 생각했고, 두 과제는 넘어야 할 장애물이라고 정의했고, 그걸 다시 허들이라고 비유했죠. 1, 2차 연상된 이미지를 드로잉하고 슬라이드까지 만들었다면 도/해/식은 멋지게 성공한 셈입니다.

마지막으로 연상된 정의를 좌우로 비틀거나 조금 다른 관점에서 질문하고, 문제를 재정의해서 메타포를 계속 변경해 봅니다. 애쓴 만큼 세상에 없는 나만의 도/해/식 수준을 높일 수 있습니다.

==단계별로 요구되는 새로운 기술과 경험치를 갖춰야 합니다==
점점 커지는 허들을 빠르게 넘어야 하는 상황을 상상해 보자.

==새로움과 경험은 우리에게 날개를 달아줍니다==
주어진 과제를 올라가야 할 힘든 단계로
재정의 한 후 '왜 올라가야 하는가?'에 대한 답을
내려보면 어떨까?
icon : thenounproject.com

도해식 STEP 5

NUMBERS

기억이 오래 가요
숫자

오직 한 곳에 모든 역량을 집중해야 합니다. 현재 상황을 한마디로 정의해 보겠습니다. 유일한 방법을 찾아보세요. 시장에서는 1등만 기억합니다. 둘 중 무엇을 골라야 할까요? 분명 으뜸에 버금갑니다. 점유율은 크게 양분되어 있습니다. 이제 마지막 두 개의 관문이 남았습니다. 갈림길에서 선택해야 합니다. 경쟁자와 비교하여 평가해주세요. 3가지 자격 조건을 충족할 수 있을까요? 지금 필요한 항목은 세 가지입니다. 3단계 절차를 밟아야 합니다. 사분면으로 나눠 보겠습니다. 4개의 가치가 모여서 우리의 비전을 만듭니다. 5단계 성장판이 필요합니다. 문장의 5형식은 기본입니다. 나눔은 무한대의 사랑입니다.

1. 정상, 리더, 시작, 신비한, 창조, 유일한, 규범을 지키는, 베스트셀러, 우주, 기본단위, 넘버 원, 1순위, 표준, 최초, 탄생, Goal, 으뜸과 버금 **2. 비교**, 조화, 쌍두마차, 선택의 순간, 대립각, 음양, 흑과 백, 상하, 좌우, 고저, 대결, 전쟁, 이중성, 창과 방패, 냉정과 열정, 공존, 좌청룡 우백호 **3. 삼위일체**, 완전성, 행운, 균형, 삼각형, 상호작용, 3원칙, 창의, 삼세판, 금·은·동, 삼각관계, 피라미드 **4. 질서**, 사각

형, 균등한, 땅, 동서남북, 기승전결, 분배, 분할, 사칙연산, 사계절, 사자성어, 교차로, 4P 분석, 4차 산업혁명, 불혹, 불안한, 딱딱한 5. 변화, 커뮤니케이션, 별, 오각형, 자유스러운, 오방색, 에너지 효율, 5등급, 5원소, 다섯 계단 6. 화합, 책임감, 육각형, 탄탄한, 조화로운, 안전한, 골든아워 60분 7. 비밀, 무지개, 럭키, 마법의 수, 일주일, 북두칠성···.

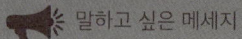 말하고 싶은 메세지

2가지 관점이
필요합니다

STEP 01 : 파악해요

FACT

사업 기회에 대한 분석 결과
장기적인 안목에 의한 투자 필요
미래 전략에 의한 기회에 집중

STEP 02 : 정의해요

So what

크게 멀리 볼 수 있는 시야가 필요합니다
미래를 위한 투자 설계가 중요합니다
두 관점으로 나눠서 집중하고 선택합니다

STEP 03 : 연상해요

미래 기회를 위해 높은 안목이 필요할거야~

망원경으로 보듯 미래 기회를 잡아야지!

두 개의 관점, 미래는 볼 수 있는 만큼 펼쳐질거야!

관점이 3개라면 용도가 다른 렌즈 3개로….

STEP 04 : 그려봐요

원 페이지 화면을 두 개로 나눠서 두 관점에 관한 이야기를 실으면 어떨까?

망원경의 렌즈를 양쪽에 배치해서 직관성을 좀 더 높이면 좋겠는데….

STEP 04 : 그려봐요

비슷한 그림인데 강약이 없어 보인다. 그 이유는 사용한 펜에 있다.

흔하게 사용하는 필기구인 중성펜과 유성펜은 얇고 일정한 두께라서 필기를 할 때는 좋지만 도해식 그림을 그릴 때는 오히려 강약이 없어서 아쉬움을 준다.

STEP 04 : 그려봐요

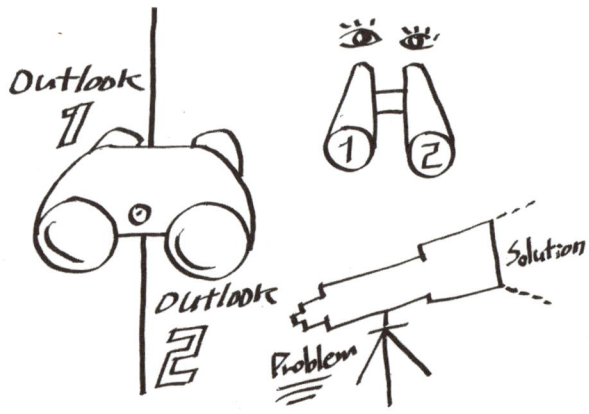

다양한 관점으로 접근하여 빗댈 수 있는 도형이나 사물을 그린다. (아트펜 1.5)
8개의 펜촉을 사용하는 아트펜은 두께와 강약이 조절되어 도해식에 잘 어울린다.

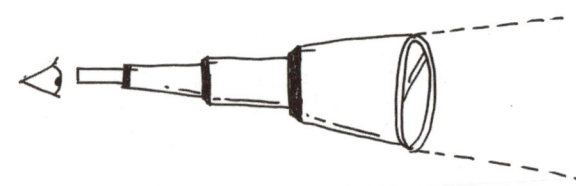

단계별 변화를 말하려면 크기가 달라지는 천체망원경을 빗대어 그린다. (아트펜 B)
문제점과 해결책을 양쪽으로 배치하고, 그 과정을 4개의 분석 단계로 그리자.

STEP 05 : 만들어요

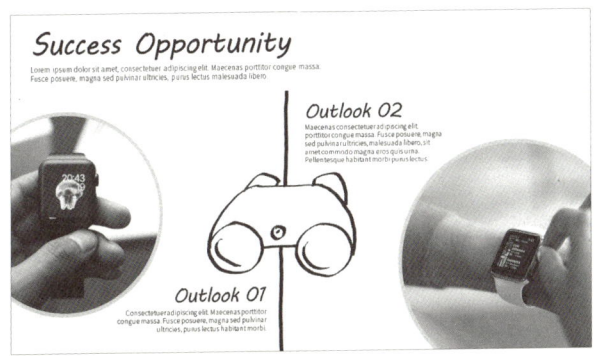

==두 개의 관점으로 성공 요인을 분석합니다==
도해식 그림으로 슬라이드를 만들면 자연스러운 결과물이 완성된다.
image : pexels.com

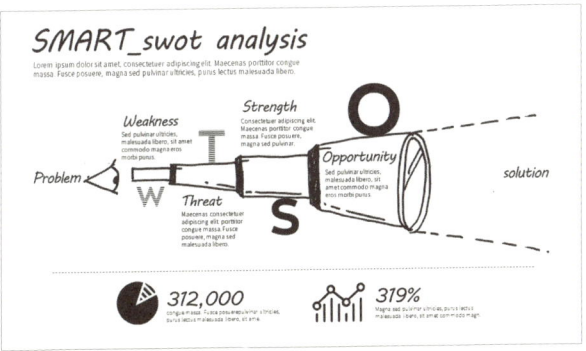

==문제해결을 위해서는 강점과 기회에 집중해야 합니다==
슬라이드 전체 배경으로 도해식 그림을 펼친 후 내용을 넣어 보자.

STEP 05 : 만들어요

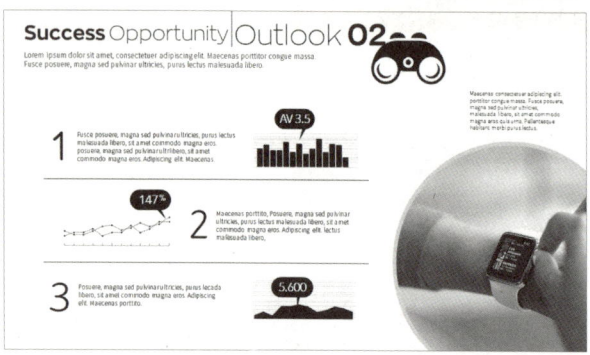

손으로 그린 그림을 대체할 수 있는 픽토그램이 있다면 적극적으로 사용한다. 2개의 관점을 다시 3개의 정보로 나눠서 제시하면 구조가 탄탄하게 보인다.
icon : thenounproject.com

STEP 06 : 벗어나요

대내외 환경 변화에 대한 새로운 관점이 필요합니다
관점을 망원경으로 치환한 후, 세부 관점으로 다시 구분하면 정보는 촘촘해진다.
천체망원경의 렌즈 단계로 이야기를 펼치면 흥미가 높아진다.

GALLERY

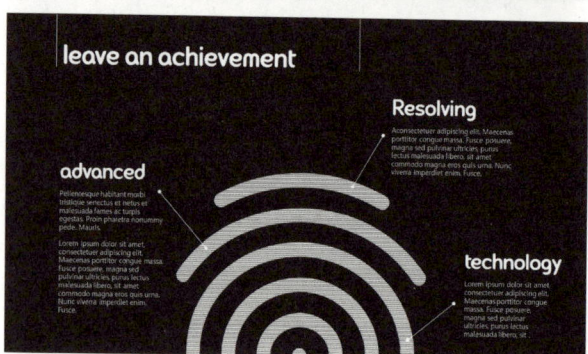

2035년, 고도화 기술의 발자취를 남기겠습니다.
기술의 발자취를 지문이라고 정의한 후 다시 지문을 3개의 항목으로 분리하여
제시할 수 있다.
icon : material.io/tools/icons

GALLERY

투자 성향은 기존 투자론과 시장 반응형 투자론으로 나뉩니다
닭이 먼저냐 알이 먼저냐. 전달할 내용이 무엇이든 이분법으로 구분하면 명쾌하다. 내용은 다시 3으로.
icon : thenounproject.com

도/해/식에서 숫자 1, 2, 3을 잘 사용하려면?

내용을 쉽게 정의하려면 강제 조건이 필요하다. 예를 들어 특정 사업을 나무로 정의하면 어린 새싹, 가지가 많은 나무, 아름드리,그루터기…. 즉 사업 초기는 어린 새싹, 관련 기술이 다양하다면 가지가 많은 나무, 이미 결실을 보고 있다면 아름드리, 새롭게 시작해야 한다면 그루터기라고 정의할 수 있다. 이를 다시 숫자 1, 2, 3으로 강제 정의하면 도/해/식을 위한 연상력이 높아진다.

1은 나무로 정의한 자체다. 다만 어떤 나무인지 구체적으로 말해야 한다. [나무를 심는 일], 또는 [새싹을 가꾸는 행위]로 규정할 수 있다.

2는 구분, 요소, 대결, 비교할 수 있어야 한다. [새싹과 나무], 또는 [두 개의 다른 새싹]으로 정의가 가능하다.

3은 요소의 집합이나 과정, 흐름을 보여준다. [새싹-나무-숲]이라는 성장 과정으로 말하거나 [물주기-환경 만들기-가꾸기]로 정의해서 숲을 만드는 단계를 3으로 조합할 수 있다.

icon : thenounproject.com

나무로 정의한 후 드로잉을 했는데 완성도가 낮다면 인터넷에서 픽토그램을 구하자. 나무를 가꾸는 다양한 동작을 찾아서 드로잉을 대체할 수 있으면 된다.

도/해/식에서 숫자 1, 2, 3을 잘 사용하려면?

드로잉한 결과를 바탕으로 파워포인트와 키노트에서 숫자 1, 2, 3을 완성해보자. 1은 나무, 2는 두 개의 새싹, 3은 나무를 가꾸는 일로 정의한 후 해당 내용까지 포함하여 슬라이드를 만든다.

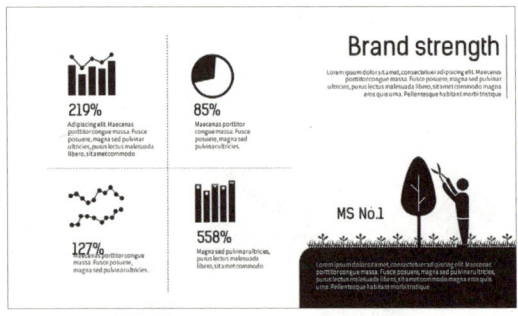

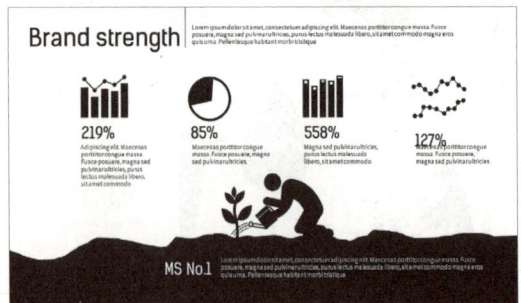

1. 브랜드 관리는 나무를 가꾸는 일입니다
새싹을 가꾸듯, 나무 전정 작업을 하듯 브랜드는 소중히 관리되어야 한다고 주장.

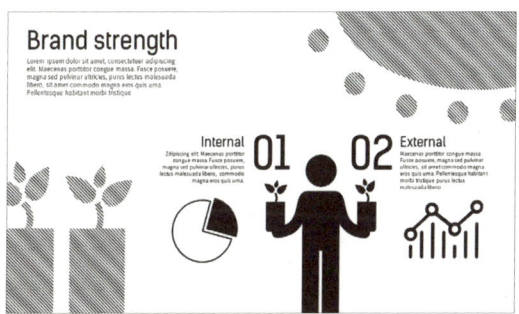

2. 우리 브랜드의 강점은 두 가지입니다
브랜드 런칭 후 국내에서는 고객 성향을 적극적으로 반영하고 있고 해외 시장에서는 로열티가 점차 높아지고 있다는 것을 강조.

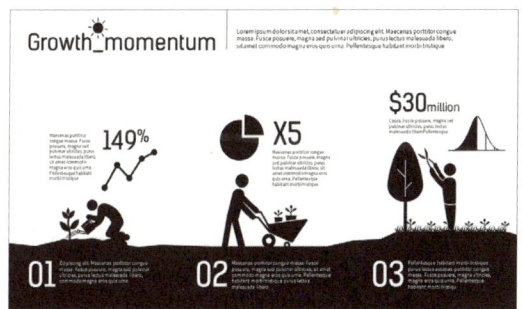

3. 지속 가능한 브랜드 관리는 3가지 행동강령이 필요합니다
브랜드는 생명과 같아서 보살피고, 가꾸고, 손질하는 체계적인 노력이 필요하다는 것을 3단계의 흐름으로 표현.

도/해/식 드로잉에는
어떤 펜이 좋을까?

필기용으로 사용하는 볼펜이나 중성펜은 얇고 선 굵기를 조절할 수 없기 때문에 그림을 그릴 때 비뚤거려 결과물을 슬라이드에 사용하기 어렵다. 그림 실력이 좋다고 판단된다면 추천.

모나미 프러스펜 3000과 프러스펜S는 가장 쉽고 편리하게 도/해/식을 그릴 수 있는데 특히 프러스펜S가 더 정교하다. 세밀한 표현이나 필압(누르는 힘)은 어렵지만, 어느 정도 굵기 조절이 가능해서 도해와 도식을 쉽게 그릴 수 있다.

로트링 아트펜은 다양한 두께를 선택할 수 있고 필압과 속도에 따른 자유로운 드로잉이 가능해서 그래픽레코딩으로 가장 좋은 장점을 지닌다. 붓펜은 필압이 우수하지만 굵기 변화가 심해서 많이 써보면서 능숙하게 다룰 수 있어야 좋은 결과를 얻을 수 있다.

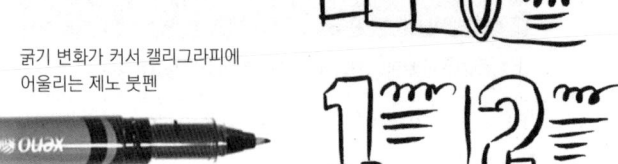

굵기 변화가 커서 캘리그라피에
어울리는 제노 붓펜

필기에 적합한 중성펜

필기와 드로잉이 가능한
프러스펜S

굵기 변화와 필압이 가능한
아트펜

도/해/식 드로잉에는
어떤 펜이 좋을까?

아트펜은 잉크에 담갔다가 쓰는 딥펜(Dip pen)과 비슷하지만 필기용으로 사용하는 만년필보다 펜촉이 더 넓고, 다양한 굵기(mm)를 사용할 수 있다. 얇을수록 촉은 둥글고 두꺼울수록 납작하고 넓어서 사용 목적과 숙련도에 따라 굵기를 결정하면 된다. 처음 시작한다면 M, B, 1.5 세 가지 굵기를 추천한다.

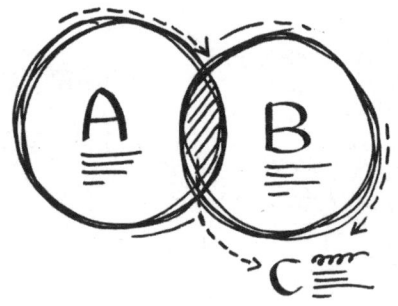

굵기가 서로 다른 아트펜을 사용하면 도형, 픽토그램, 기호, 숫자, 문자 등을 복합적으로 기록해야 하는 도/해/식 드로잉에 매우 효과적이다. 목적과 중요도, 강약에 따라서 펜촉의 굵기를 바꿔가면서 작업하면 된다.

아트펜 굵기 중에서 EF와 F는 필기와 스케치, B와 M은 자유로운 드로잉과 레터링에 적합하다.

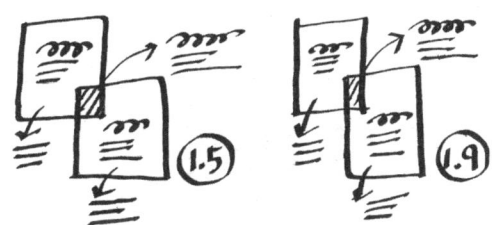

1mm 이상 굵기의 아트펜으로 선을 그으면 가로 세로 굵기가 달라지기 때문에 강약 표현이 가능하다.

같은 굵기의 펜촉도 드로잉을 할 때 촉을 누르고 기울이는 정도에 따라서 결과가 달라진다. 굵기가 가늘면 촉이 둥글고 두꺼우면 납작한 형태이므로 굵은 펜일수록 다루기가 까다롭다.

서로 이어줘요
선

　과거와 현재의 점들은 연결되어 미래가 됩니다. 현재 자신의 위치에 점을 찍어 보세요. 두 지점을 연결하면 놀라운 변화가 생깁니다. 3년의 이슈를 모으면 변화의 흐름이 보입니다. 지금은 빠른 직선을 선택할 시점입니다. 이 문제는 원만하게 돌아가야 합니다. 이곳은 직선거리는 짧지만 가파른 지형입니다. 인간은 모두 수평 선상에 놓여 있습니다. 지난 분기에는 인지도가 수직 상승하였습니다. 현재는 비정상적인 사선의 흐름을 보입니다. 미래지향적인 상승 곡선을 유지해야 합니다. 현재 시장은 보이지 않는 점선들이 많아 위험합니다. 뒤엉켜있는 곡선의 실타래를 누가 풀 수 있을까요? 여러분의 상상을 자유롭게 펼쳐주세요.

점. 처음, 시작과 끝, 최소화된, 축소, 교차, 마무리, 집중과 몰입, 응축하는, 현재 위치, 목표 지점, **직선**. 곧음, 남성의, 이음, 연결되는, 일관성, 빠른 길, 길고 짧음, 구간속도, 강함, 딱딱함, 분열된, 규칙, 거리, **수평선**. 평화, 안정, 휴식, 느림, 균형 잡힌, 하늘과 땅, 상하 구분, **수직선**. 상승, 하강, 치솟는, 땅과 하늘의 결합, 관통하는 에너지, 좌우 구분, **곡선**. 여성의, 변화, 부드러운, 동선 흐름, 완만한, 둥근, 유기적인, 모나지 않은, 아름다운, 어지러운, **사선**. 불안한, 상승하는, 미래, 가속도, 불균형, 운동감, 하강하는, 어긋난, 위험한, 돋보이는, 날카로운, 미래 지향적인, **실선**. 현재, 존재하는, 실행하는, 연결된, 처음과 끝, 명확한, 중요한, **점선**. 미래, 과거, 변화, 손해, 가능성, 예상되는, 상상하는, 불확실한, **자유곡선**. 복잡함, 스트레스, 엉킴, 젊음, 창의로운, 에너지 넘치는, 불확실한, 어지러운, 방향이 없는….

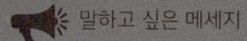 말하고 싶은 메세지

강점을 기회로 이어야 합니다

STEP 01 : 파악해요

FACT

현재 시장에서 우리 제품의 위치 확인
강점, 약점, 기회, 위협 요소 분석 결과 전달
강점과 기회 중심의 전략 제시

STEP 02 : 정의해요

So what

강점을 기회 요인으로 연결하겠습니다
원인 분석으로 이슈를 확인합니다
유기적인 흐름으로 분석한 결과입니다

STEP 03 : 연상해요

안정적인 변화로~ 목표를 위한 스피드를….

불안정한 시장을 분석하면…. 상승하는 전략을~

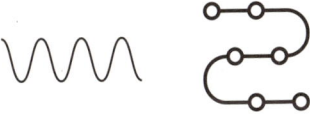

유기적으로 봐야 하니까…. 자연스러운 상승 흐름은….

방향을 설정해보면…. 목표에 접속한다면?

STEP 04 : 그려봐요

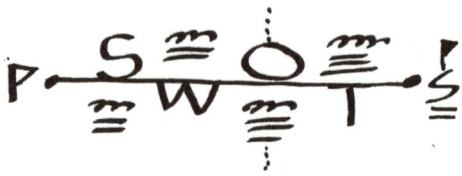

좌측은 문제, 우측은 해결책. 그사이에 분석내용을 나열하면 어떨까?

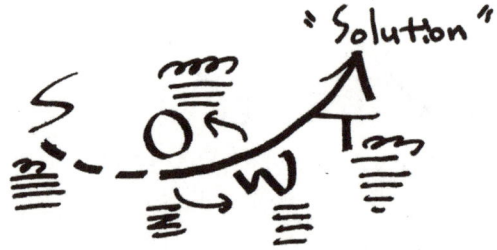

문제 해결을 위한 결과라면 상승 곡선에 항목을 넣는다면?

분석 결과를 높이가 다른 선반 위에 올려놓고 비교하면 이해가 쉬울텐데….

STEP 04 : 그려봐요

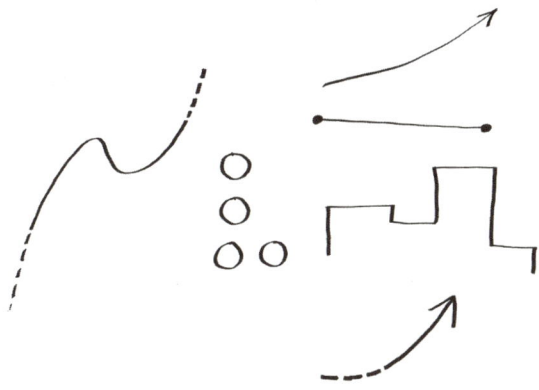

드로잉 결과를 슬라이드에 사용하려면 구조만 그려서 옮겨야 작업이 수월하다.

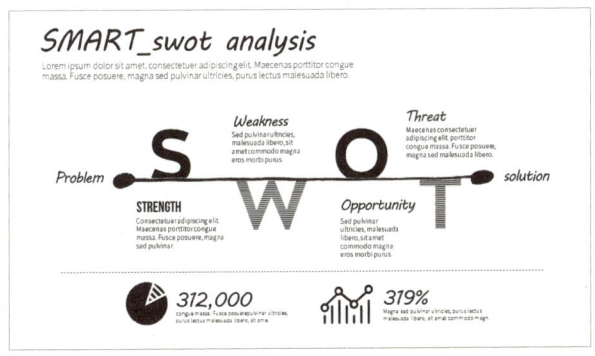

==문제에서 해결까지 선을 그어보면 시장을 정확히 분석할 수 있습니다==
핵심 구조를 제외한 헤드라인, 키워드, 숫자, 내용 등은 파워포인트와 키노트에서 작성해야 가독성이 높아진다.

STEP 05 : 만들어요

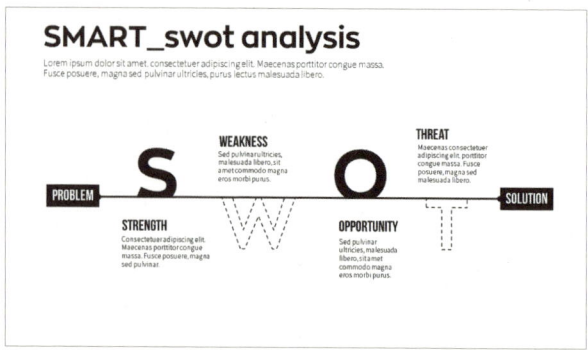

파워포인트나 키노트에서 라인을 그려 전체 구조를 만들 수도 있다. 같은 의미를 갖지만 좀 더 정확하게 느껴진다.

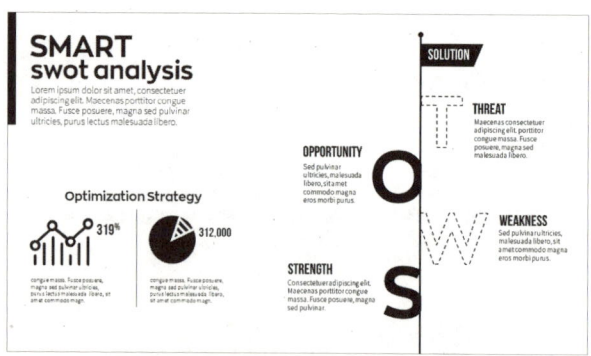

==빠른 문제해결을 위한 분석 결과입니다==
문제해결을 위해 노력한다는 의미를 주려면 수직선을 이용하자. 힘들지만 열심히 빠르게 올라가는 느낌으로.

STEP 05 : 만들어요

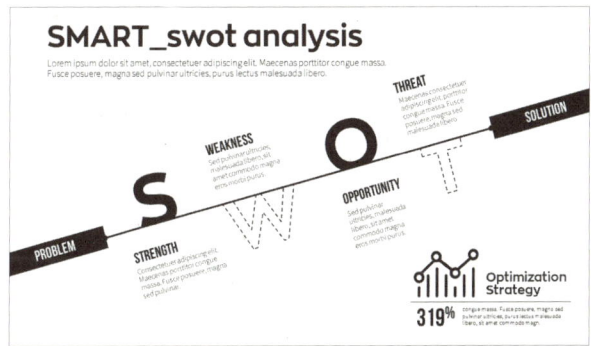

강점과 기회를 살려 상승 결과를 만들겠습니다
사선 구조는 수평선으로 완성한 후 그룹으로 회전하여 경사를 만들자. 지속적으로 상승하는 의미가 포함된다.

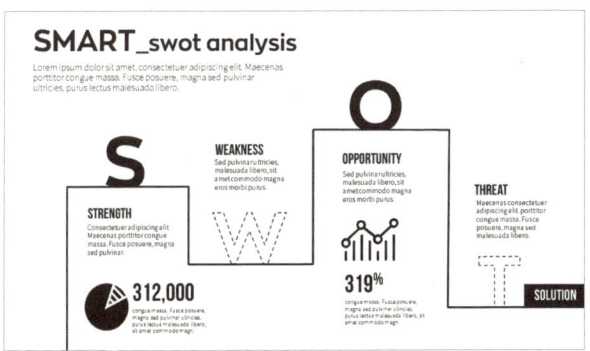

이번 분석 결과를 보면 각 항목의 중요도는 모두 다릅니다
중요도를 제시할때는 올림픽 단상을 그려서 사용하자. 청중에게 그 차이를 분명하게 전달할 수 있다.

STEP 06 : 벗어나요

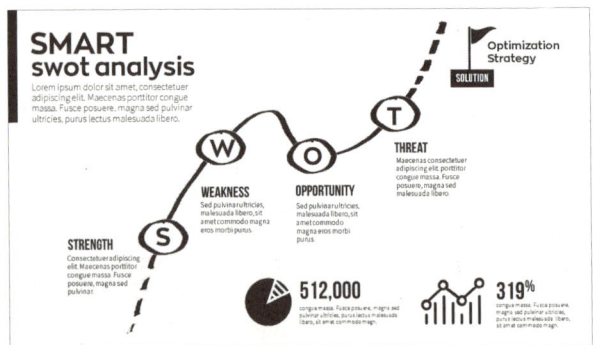

유기적인 흐름으로 분석 결과를 살펴보겠습니다
손으로 그린 도해식은 어색하고 좋지 않다는 인식은 버리자. 오히려 감정 전달이
뛰어나고 자연스러운 매력이 있다.

대체할 수 있는 픽토그램이 있다면 전체 구조물로 사용할 수 있다.
icon : thenounproject.com

STEP 06 : 벗어나요

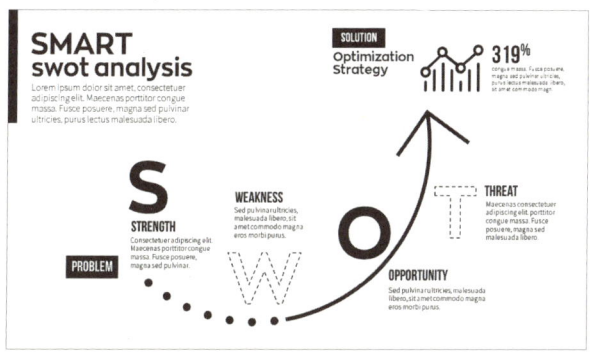

분석 결과를 보면 점차 상승할 것으로 예상합니다
꼭 실선을 사용해야 한다는 생각도 금물. 점선으로 지난 과거와 미래를 말하고, 실선으로 현재를 보여주자.

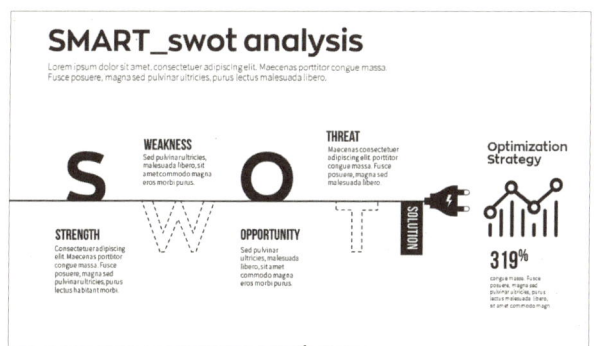

명확한 분석을 통하여 빠른 해결책에 접속해야 합니다
구조를 형성하고 있는 라인 끝에 어울리는 상징을 붙여보자. 접속하겠다는 의미로 플러그를 붙이듯이.

GALLERY

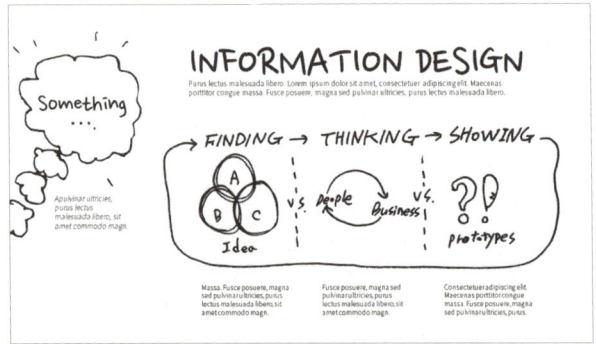

정보 디자인은 찾기 - 정의 - 표현 3단계로 새로운 아이디어를 만듭니다
라인 드로잉은 주제와 어울리면서 자유로운 상황에 더 매력적이다.

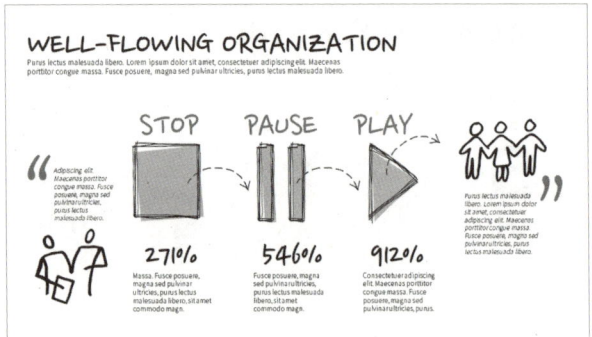

서로 믿고 의지하는 조직은 소통방법이 다릅니다
새롭다, 다르다, 유연하다, 수평적이다, 창의적이다 등의 반응을 얻고 싶을 때도 라인 드로잉은 빛난다.

GALLERY

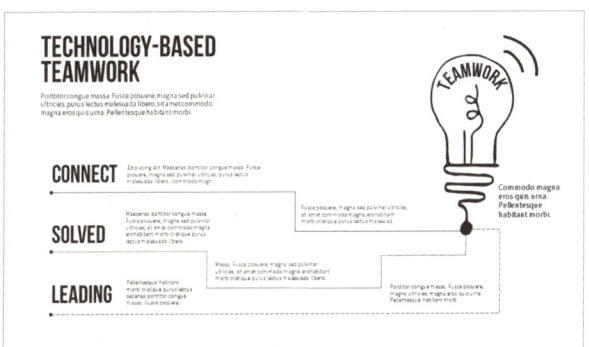

==기술 기반의 팀워크는 3가지 항목이 중요합니다==
손으로 그린 라인 드로잉과 파워포인트의 직선을 혼합해서 사용하자. 주인공과 조연만 구분하면 잘 어울린다.

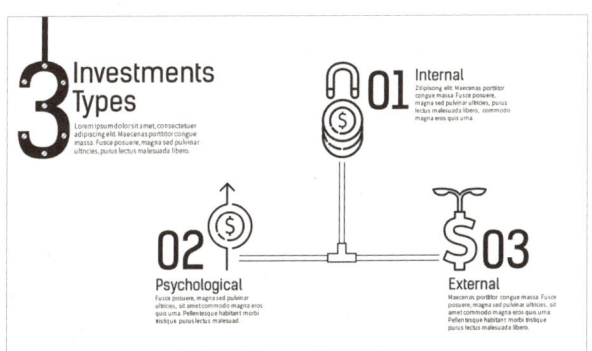

==투자 생태계 확대를 위해 파이프라인을 연결합니다==
풍부한 의미 전달을 위해 라인을 더 확대 해석해도 좋다. 라인 – 줄 – 동아줄 – 고무줄 – 파이프 – 파이프 라인.

드로잉 라인은 어떻게 구분해서 그려야 할까?

라인 드로잉은 먼저 전달 내용 중에서 중요도와 우선순위를 결정한다. 그런 다음 라인을 통해서 무슨 말을 할 것인지 고민해서 핵심 구조부터 그려야 한다.

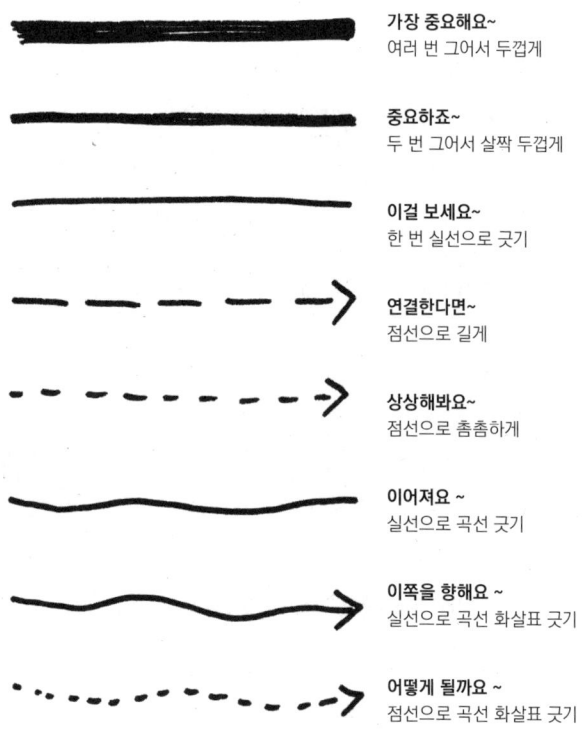

가장 중요해요~
여러 번 그어서 두껍게

중요하죠~
두 번 그어서 살짝 두껍게

이걸 보세요~
한 번 실선으로 긋기

연결한다면~
점선으로 길게

상상해봐요~
점선으로 촘촘하게

이어져요 ~
실선으로 곡선 긋기

이쪽을 향해요 ~
실선으로 곡선 화살표 긋기

어떻게 될까요 ~
점선으로 곡선 화살표 긋기

언제나 주인공은 굵고 강하게 실선으로 드로잉하고 조연은 가늘고 얇게 점선으로 해야 핵심 표현이 가능하다. 함께 작성하는 글자와 숫자도 강약에 따라 선택하여 사용한다. 도/해/식의 결과물을 봤을 때 중요한 것이 먼저 보이도록 하고 약한 쪽으로 시각 동선이 흘러갈 수 있도록 조절한다.

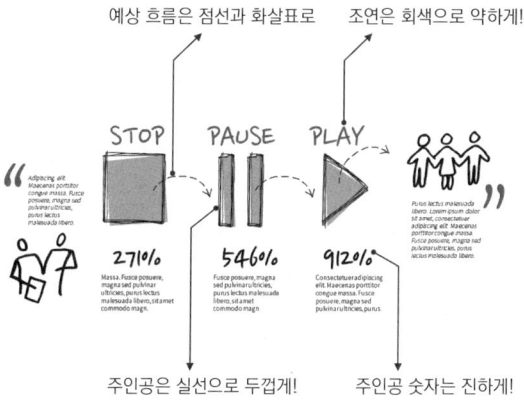

완성된 도해식 슬라이드를 봤을 때 무엇이 먼저 보이는지 확인하자. 모든 요소를 강조하면 오히려 아무것도 눈에 들어오지 않게 된다.

드로잉 결과와 슬라이드 중
어떤 것이 더 매력 있을까?

도/해/식으로 어떤 것이 좋은지 공식이나 정답은 없지만, 순서는 있다.
아이디어를 떠올리고 할 말을 문장으로 정의한 후 1) 종이 위에 펜으로
그려보고 2) 수정 보완한 후 3) 드로잉 결과를 슬라이드에 그대로 사용
하거나 4) 파워포인트와 키노트 등에서 완성한다.

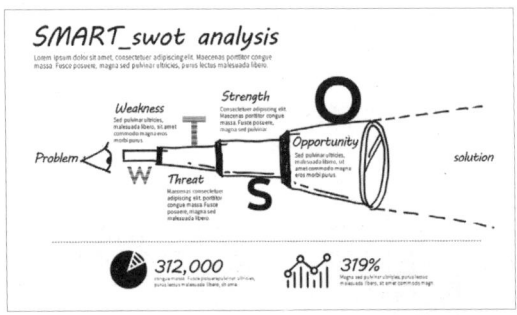

펜으로 드로잉이 가능하다면 그 결과를 그대로 사용한다. 픽토그램이
나 아이콘은 누구나 사용할 수 있지만 드로잉한 결과는 세상에 하나밖
에 없는 유일한 작품이기 때문.

파워포인트 기능과 픽토그램 사이트의 도움을 받아야 할 경우는 언제일까? 구체적인 표현이 필요한데 드로잉이 어렵거나 정확한 간격, 단계, 수치, 흐름이 요구되는 경우다. 이때도 역시 미리 러프하게 드로잉 해 본 후 슬라이드로 옮기듯 작업한다.

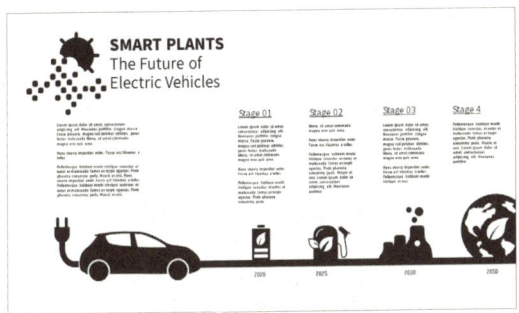

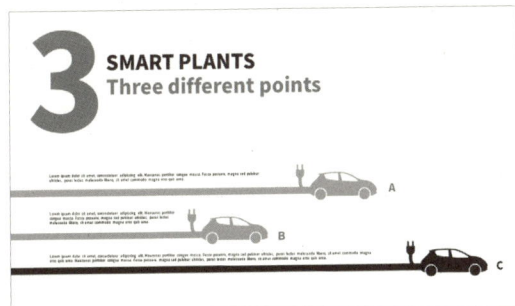

스마트 팩토리는 4단계 확장으로 3가지 강점을 완성합니다
생각한 것을 미리 드로잉 해보지 않으면 슬라이드에서도 좋은 결과를 만들 수 없다. 항상 종이와 펜을 옆에 두는 습관을 기르자.

ARROW

방향을 말해요
화살표

　　목표 지점을 높였습니다. 미래를 향한 노력이 필요합니다. 과거로 돌아갈 수 없습니다. 현명한 선택지는 무엇일까요? 좌·우측 모두 경쟁자가 많습니다. 위아래로 갈 수 있는 한계치가 있습니다. 빠른 비상구가 필요합니다. 점차 속도를 높입니다. 항목별로 대응한 결과입니다. 좀 더 자세히 살펴보겠습니다. 4개의 흐름을 확인해 봅니다. 한 곳에 집중되고 있습니다. 확산되는 증거는 많습니다. 다양한 서비스는 하나의 큰 흐름으로 합쳐집니다. 정상으로 올라갑니다. 시장이 급락하고 있습니다. 회전 교차로와 같습니다. 나선형을 그리면서 점차 이동합니다. 현재부터 미래까지의 시장 변화를 살펴보겠습니다.

앞으로, 직진하시오, 옆으로 미시오, 이쪽 저쪽, 방향을 알려주는, 지시하는, 오른쪽, 왼쪽, 위, 아래, 사방으로 흩어진, 중앙에 집결하는, 확장하는, 축소되는, 여러 갈림길, 다중 선택, 지점 확인, 이정표, 마일스톤, 주의 표지판, 필요한 거리, 경과 시간, 유도 사인, 일정한 흐름, 변화의 차이, 길고 짧음, 다른 길, 예상 전개, 프로세스, 절차, 과정, 도로 표지, 순환, 반복, 섞임, 재활용, 필요한 단계, 플로 차트, 화살,

화살촉, 화살 날개, 날아가는, 이동하는, 필요한 범위, **목표를 향하는**, 손가락, 알고리즘, 순서도, 피드백, 반환점, 좁아짐, 합쳐짐, 굽음, U턴 금지, 재생, 플레이, 들어가기, 시선 유도, 규칙, EXIT, **가속되는**, 예측 가능한, 중요한, 보조적인, 발전하는, 쇠퇴하는, 급변하는, **과거 현재 미래**, 추락하는, 오르락내리락, 사다리 타기, 길 찾기, 빠른 길, 이어지는, 건너뛰는, 포물선, **닫힘과 열림**….

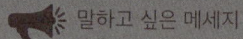 말하고 싶은 메세지

기획 방향과
절차가 일치합니다

STEP 01 : 파악해요

FACT

마케팅 플랜 수립 절차와 흐름 제시
단계별 기획 의도와 방향 설명

STEP 02 : 정의해요

So what

5단계 기획 목표로 3배 효과 달성!
서로 순환하면서 아이디어가 탄생합니다
5단계는 강약과 흐름이 필요합니다

STEP 03 : 연상해요

목표가 높은 마케팅 플랜을 보여줘야지….

목표를 향한 단계별 내용과 방향을 제시한다면?

강약을 조절하고 순환되어야 하니까….

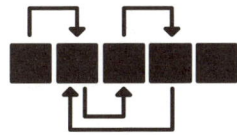

흐름으로 서로 어떤 관계가 있는지 설명해야지….

STEP 04 : 그려봐요

방향을 말해요 | 화살표

STEP 04 : 그려봐요

우측으로 흘러 결과에 도달하거나 5개가 순환하거나 높이를 다르게 해서 중요도를 화살표로 그려보자. 간격이나 크기가 정확하지 않아도 되는 경우는 손으로 드로잉한 결과를 사용하자. 더 친숙한 느낌을 준다.

STEP 05 : 만들어요

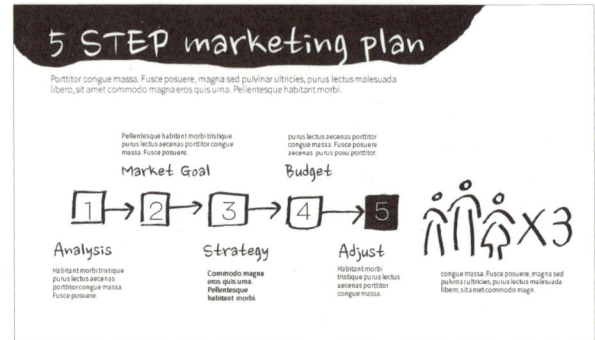

<mark>마케팅 전략의 가성비를 높이려면 마지막 단계가 중요합니다</mark>
기획 내용을 단계, 방향, 강약, 순서를 조절해서 드로잉한 후 슬라이드에 옮긴다.

간격과 두께, 수평과 수직을 맞추고 싶다면 슬라이드에서 도형과 화살표, 픽토그램을 활용하자.

STEP 05 : 만들어요

마케팅 플랜에서는 2번과 5번에 집중해야 합니다
전체 흐름 위에 5개 항목을 올려놓고, 강약에 따라 길이를 조절해서 그린다.

같은 두께와 간격을 정확히 유지하려면 파워포인트 도형과 픽토그램이 오히려 유리하다. 막대 그래프를 화살표로 치환하는 것도 좋은 방법이다.

STEP 06 : 벗어나요

4개의 흐름은 순환하면서 목표 수준을 점차 높일 것입니다
화살표로 순환하는 흐름을 만든 후 목표 지점을 설정하면 4개 항목으로도 5개를 만들 수 있다.

마케팅 5단계는 서로 영향을 미치면서 전략을 완성합니다
목표를 향한 흐름에서 관계를 화살표로 표시하면 이해가 빨라진다.

STEP 06 : 벗어나요

마케팅 플랜을 빠르게 수립하고 운영하면 효과가 극대화됩니다
단계별로 회전해서 이어진다면 사각 형태보다 원형 화살표가 더 어울린다.

신규 고객 유입은 2~4번 사이의 활동이 매우 중요합니다
자유 곡선으로 그린 화살표는 그 느낌도 자유롭다. 드로잉한 화살표를 주인공으로 사용할 때는 두꺼운 펜으로 그리자. 핵심 표현이 가능하다.

GALLERY

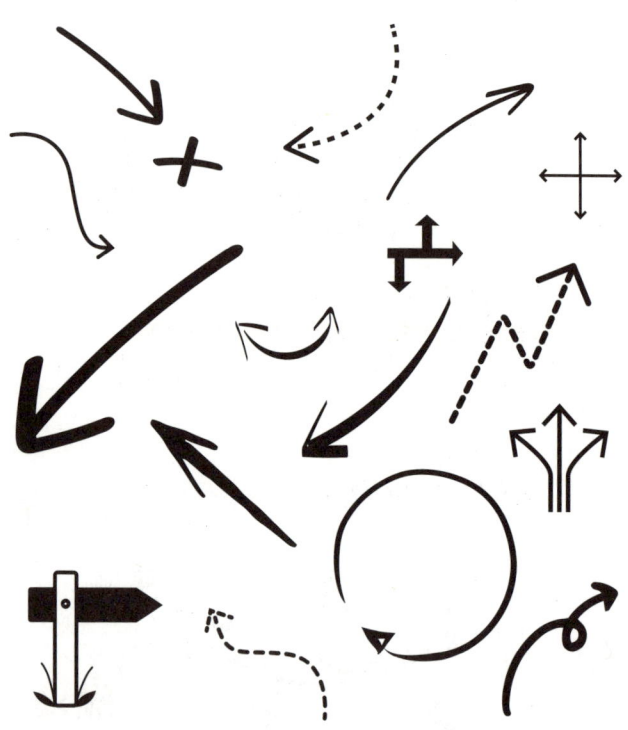

저곳을 향합니다, 이렇게 변합니다, 빠르게 달려갑니다, 거점을 지나갑니다
선과 화살표만 있으면 모든 표현이 가능하다. 화살표가 직접 말을 한다고 상상하고 그려보자. 웹상에서도 원하는 모양의 화살표를 찾아보자.
icon : thenounproject.com

GALLERY

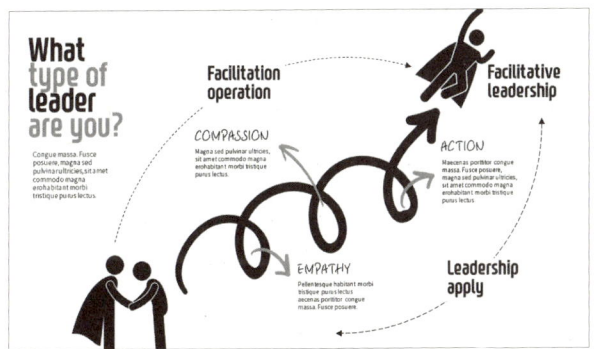

성과를 만드는 리더는 3단계 플랜을 거쳐 완성됩니다
현재와 미래를 정하고 과정을 화살표로 채워보자. 자유곡선, 곡선, 직선, 실선, 점선이 가지는 속성을 이용하여 다양한 목소리를 담자.

새로운 프로젝트 여정에는 두 개의 중요한 지점이 있습니다
그래프를 화살표로 바꾼 후 꺾어진 지점을 중요 포인트로 삼아 핵심을 말하는 것도 좋은 방법이다.

급변하는 시장의 마일스톤은 선택과 집중을 요구하고 있습니다
화살표를 이정표, 마일스톤으로 연상해서 사용하면 집중과 선택이라는 핵심이 전달된다.

GALLERY

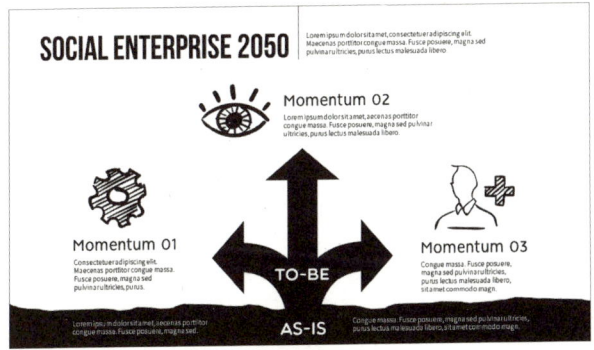

함께 달성할 비전을 현재 시점에서 바라보았습니다
현재와 미래를 그린 후 가야 할 선택지를 보여주면 청중은 내용에 몰입한다.

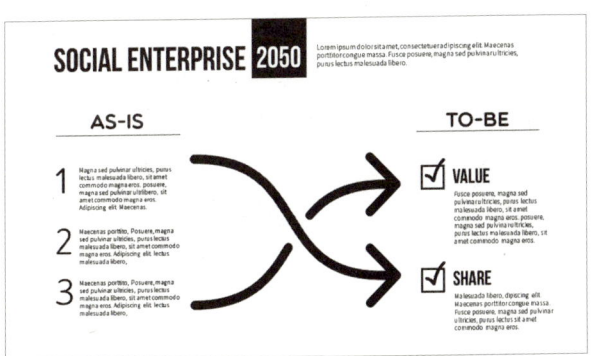

발생한 이슈는 종합 검토하여 해결책을 찾아야 합니다
화살표를 '혼합 재생(Shuffle)' 심벌로 비유하자. 문제와 해결을 이어서 보여주는 도해식이 가능하다.

드로잉한 결과를
슬라이드로 빠르게 옮기려면?

스마트폰과 앱만 있으면 드로잉을 손쉽게 옮길 수 있다. 먼저 드로잉 결과를 촬영하고, 스캐너 앱에서 원하는 영역을 자른다. 그림 효과 모드인 [흑백], 또는 [Black & White]를 적용하여 완전한 흰색과 검정으로 만들고 이메일이나 프로그램으로 전송하면 끝.

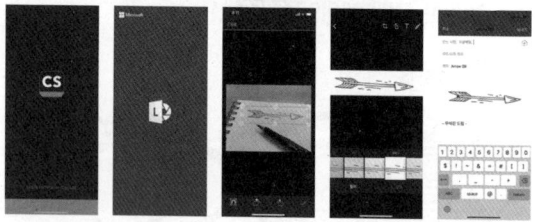

스캐너 앱에 있는 자르기, 기울기, 보정 모드, 메일 기능을 활용하자. 대표적으로 캠 스캐너(Cam Scanner)와 오피스 렌즈(Office Lens)가 있다.

드로잉 시작부터 슬라이드에 옮길 것을 생각해야 한다. 화살표와 타겟, 문구를 모두 한꺼번에 그리면 도해식을 완성할 때 수정이 어렵다.

항목별로 분리하여 그린 후 파워포인트에서 조합하고 드로잉 배경을 투명하게 만들고 싶을 때는 [서식] - [색] - [투명한 색 설정]을 이용하여 배경을 제거한다.

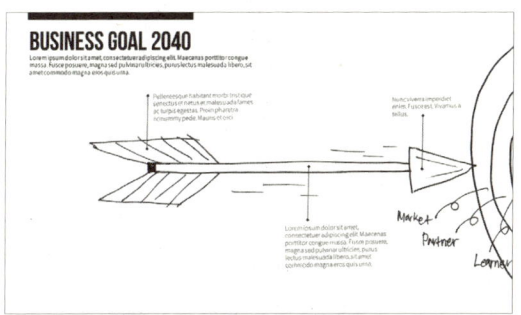

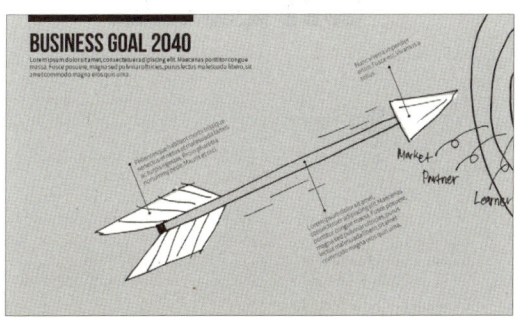

비즈니스 목표에 정확하고 빠르게 도달하겠습니다
화살표를 사선으로 기울이면 속도가 붙는다. 그림 배경은 투명처리하고 슬라이드 배경색은 회색을 적용했다. 화살표 머리와 꼬리는 [자유 도형]으로 그려서 흰색을 적용하고 그림 뒤로 배치했다.

CIRCLE

뭐든지 가능해요
원

　기술과 경험을 결합하면 기회가 보입니다. 전략은 고객 중심에서부터 확장되어야 합니다. 본질에 맞는 행동지침입니다. 모든 요구를 받아들이겠습니다. 우리는 더욱 내적으로 강해질 것입니다. 이로써 균형 잡힌 식단이 완성됩니다. 모든 것은 순환합니다. 협력사와의 갈등을 이렇게 극복하겠습니다. 시장환경은 내부와 외부 시선의 온도 차가 큽니다. 이번 요리는 자연을 담았습니다. 산업과 기술은 사람을 위해 발전합니다. 함께 누리는 도시를 만들겠습니다. 두 개의 사업은 친구 같은 모습입니다. 자연스러운 친목을 도모합니다. 사업 전체의 구성은 고객의 다양한 니즈를 충족하고 있습니다.

우주, 하늘, 신, 무한한, 완성된, 영원한, 시작도 끝이 없는, 생명의 시작, 씨앗, 삶의 중심, 본질에 가까운, 중앙에서 출발하는, 자연의 형태, 외부의 것을 받아들이는, 내적 균형이 있는, 만다라, 영원한, 어머니, Circle of life, 갈등 극복, 이완되는, 원만한 해결, 후광, 조화로운, 효율성, 실용성, 단결되는, 협동하는, 모임, 태양계, 타겟, 면적이 다른, 블랙홀, 태양, 달, 동심원, 완성된 결합체, 반복되는, 호황과 불황, 삶의 모든 것, Ball, 굴러가는, 구슬, 동전, 손쉬운, **보호와 방어**, 포용하고 함께하는, 둥글게 둥글게, 모나지 않은, 두루뭉술한, **자연적인**, 담아내는, 인간미 넘치는, 친구 같은, 모든 것을 수용하는, 경기장, 자연스러운, **전체를 말하는**, 다른 단계로 나아가는, 모두 하나가 되는, 편안한, 광원의 세기, 광명, 근본이 되는, 버튼, 전원, **활동적인**, 진실, 항목 구분, OK….

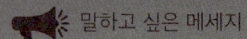 말하고 싶은 메세지

지식과 경험이
시너지를 완성합니다

STEP 01 : 파악해요

FACT

특화된 방법론의 차별성 부각
투명한 외부 감사를 위한 필수 조건 제시
지식과 경험의 우위 설명

STEP 02 : 정의해요

So what

높은 지식과 많은 경험이 투명성을 보장합니다
지식 기반의 유사 경험이 가장 많습니다
지식 - 경험 - 투명성은 지켜야 할 약속입니다

STEP 03 : 연상해요

핵심은 3가지! 지식, 전문성, 경험이야!

전문성과 경험 사이에서 방법론이 탄생하지….

투명한 결과는 본질로부터 출발하지 않을까?

지식 – 전문성 – 경험은 점차 커져야 하니까….

STEP 04 : 그려봐요

지식을 왼쪽, 경험을 오른쪽, 그리고 전략 방법론을 가운데 배치하면 어떨까?
도해식 드로잉이 어렵다면 일단 동그라미 두 개로 벤다이어그램을 그리고 시작하자.

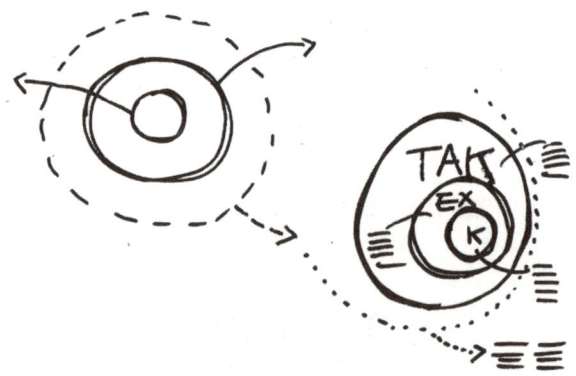

본질로부터 출발! 중심에서 뻗어 나가거나 확장되는 개념은 동심원이 잘 어울린다.
여기에 화살표를 추가하여 주요 내용을 작성하자.

STEP 05 : 만들어요

가장 중요한 것은 전문성과 경험 수준이 만드는 방법론입니다
두 개의 중요한 항목이 힘을 합쳐서 좋은 전략을 만든다고 가정하자.

슬라이드에서 도형으로 만든 도해식은 정확한 느낌을 준다. 목적에 따라서 선택하여 사용하자.

STEP 05 : 만들어요

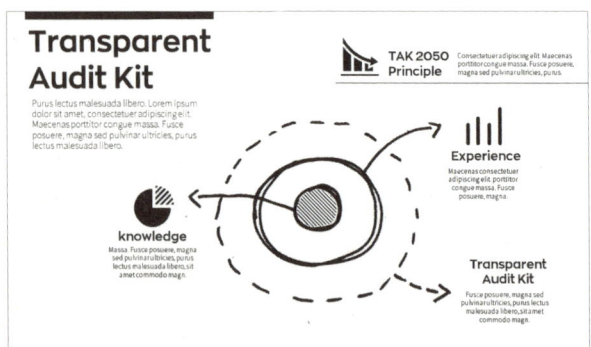

우리는 진화된 전문성과 경험을 확보하였습니다
자유로운 드로잉으로 만드는 도해식은 창의, 변화, 자유를 포함하고 있다.

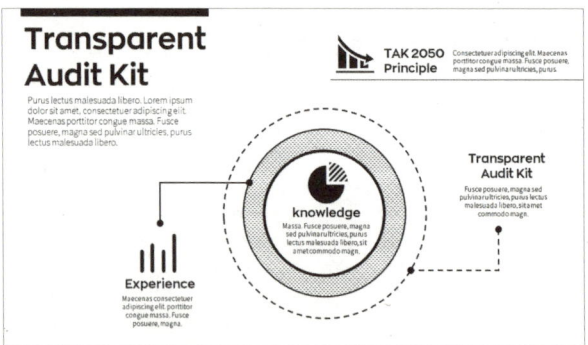

560명의 전문성과 14년 동안의 경험으로 새로운 방법론을 제시합니다
노력한 결과를 단계별로 확장하여 보여주려면 동심원을 사용하자. 너무 많은 원은 복잡하고 어지러우니 주의하자.

STEP 06 : 벗어나요

새로운 감사 방법론은 경험과 전문성을 모두 담을 수 있어야 합니다
동심원을 벗어나 과감하게 확장하면 큰 변화가 있음을 말할 수 있다.

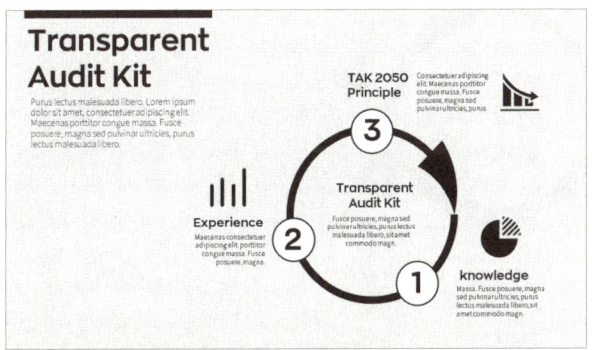

지식, 전문성, 경험은 모두 연결되어 새로운 방법론을 완성합니다
원을 순환으로 생각하고 목표는 새로운 방법론이라고 가정하자. 순서가 혼돈될 수 있으니 번호를 매기는 것도 필수.

GALLERY

조직 구성원 모두는 공유, 변화, 가치를 위한 리더로 변신해야 합니다
전체 내용과 주요 항목이 하나로 연결된다면 큰 원에 작은 원을 여러 개 끼워서 사용하자.

좀 더 빠르고 과감하게 변화와 가치를 만들어 가겠습니다
캘리그라피 형식의 도해는 새로움, 과감한 변화, 전형성 파괴, 충격적인 반전, 번지는 파장효과를 전달한다.

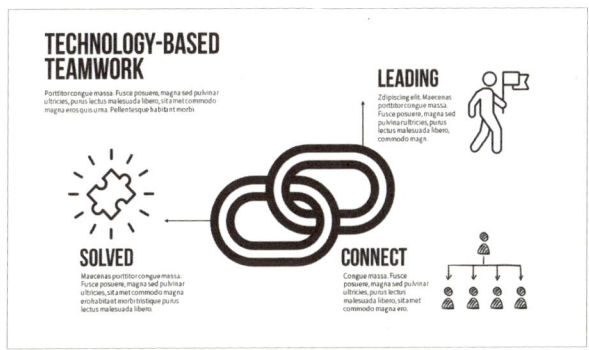

해결책 도출과 실천은 팀워크를 위해 꼭 필요합니다
원을 링, 체인 등으로 연상할 수 있다면 좀 더 의미를 강하게 전달할 수 있다.

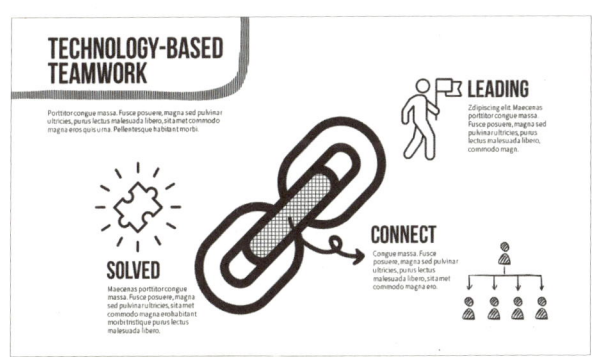

해결 방안과 이끄는 태도는 가장 멋진 조직을 만들 것입니다
두 개의 체인을 연결하는 또 하나의 체인을 상상해보자. 그 연결 지점이 가장 중요하다고 말하자.

연상이 어려워서
드로잉도 할 수 없다면?

사람은 전달하고 싶은 내용을 이미지로 구체화한 후 비로소 말하거나 쓰고 그릴 수 있다. 이는 논리적인 사람이나 감성이 풍부한 사람, 기계 공학을 하거나 광고를 만들거나 모두 마찬가지다. 결국, 이성적 표현이나 논리적인 쓰기와 유창성 높은 말하기도 머릿속에서 무엇인가 정의하고 정리된 이후에나 가능하기 때문이다.

연상이 어려운 것은 무엇을 전달할지 구체적이지 않을때 발생한다. 예를 들어 "최선을 다했습니다"라든가 "매출을 빠르게 끌어올리겠습니다"라고 정의한 후 연상한다면 무엇이 떠오를까? 땀 흘리는 모습, 머리에 띠를 두른 모습, 화살표가 올라가는 모습, 돈이 쌓이는 모습, 트로피를 받는 모습…. 이렇게 연상된 결과를 사용하기 전에 전달할 내용이 상대가 관심이 있는가? 새로운가? 등을 따져봐야 한다. 재미없고, 흥미가 떨어진다면 상대의 궁금증(Why so?)과 구체적으로 할 말(So what?)을 새롭게 정의해야 한다.

공부를 열심히 했다고 책 아이콘을 그려서 보여주거나 매출을 높이겠다고 트로피를 이미지로 제시하는 것은 아무런 관심을 끌어내지 못한다. 시간 낭비다.

"하루 4시간 이상 잔 적이 없습니다"라든가 "6월까지 매출을 2.5배 올리겠습니다" 라고 말하면 어떨까? 새롭게 정의하는 순간 연상 범위와 대상이 확대된다. 4시간, 잠, 20시간, 졸린 눈, 부릅뜬 눈, 달리는 사람, 2.5배 높은 허들, 높은 산, 양팔 저울, 수평 맞추기….

[열심히 했다 = 하루 4시간 잤다]라는 공식이 만들어졌으니 4시간을 가리키는 시계를 연상하거나 나머지 20시간을 열심히 뛰었다는 것으로 연상할 수 있다.

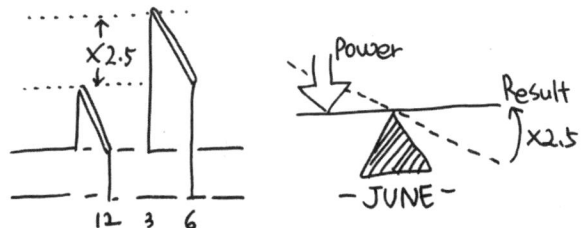

[6월까지 2.5배 매출 상승]이라는 공식이 만들어졌다면 현재와 미래의 매출 그래프를 허들 높이로 치환하거나, 내려가 있는 저울을 정상적인 수평 구조로 만들겠다고 이미지를 그려 볼 수 있다.

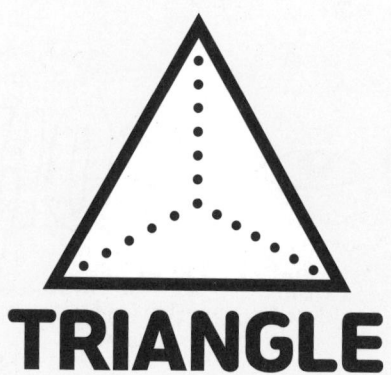

TRIANGLE

너무 완벽해요
삼각형

　성과를 극대화하겠습니다. 효율성의 수준을 높이고 있습니다. 이제 완벽한 준비를 마쳤습니다. 최상의 결과를 만들겠습니다. 서로 치우치지 않고 힘을 합쳐야 합니다. 3개 분야에 집중적으로 투자합니다. 세 개의 항목은 독립성 지키면서 연결되어야 합니다. 여러분의 힘을 한곳에 모아주세요. 본 사업 성공을 위한 핵심은 3가지입니다. 우리는 교류를 통해 발전합니다. 기초가 매우 튼튼합니다. 서로의 조화를 이룹니다. 각 팀의 힘은 같아야 합니다. 주의가 필요합니다. 과거 현재 미래를 연결합니다. 우리는 서로 공생관계에 있습니다. 삶과 일의 균형을 갖춰야 합니다. 창의적인 결과를 얻고 싶습니다.

오르고 싶은 곳, 태산, 역동적인, 출생-삶-죽음, 삼위일체, 삼존불, 과거-현재-미래, 자존감, 뾰족한, 단단한, 트라이앵글, 날카로운, 3의 마법, 완벽한, 탄탄한, 제대로 짜인, 효율적인 선택지, 정확한, 힘을 합치는, 주의하세요, 봉우리, 산과 숲, 꼭짓점, 전진하는, 강인한, 완전한, 하나로 모으는, 양의 기운, 똑바로 세우는, 고차원의, 심층적인, 상호작용, 삼각관계, 영적인, 피라미드, 구조가 짜인, 질서가 잡힌, 협업 기술, 통일된, 뜻을 세우는, 힘이 서로 균등한, 조화로운, 약속된, 창의로운, 빠르게 교류하는, 소통 가능한, 신성한, 소나무, 집중하는, 경고 사항, 기본에 충실한, 원칙을 지키는, 치우치지 않는, 기초가 튼튼한, 중심에서 출발하는, 상승하는, 예민한, 이성적인, 합리적인, 논리적인, 트리오, 상승하는, 균형을 잃지 않는….

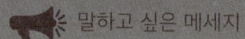 말하고 싶은 메세지

완벽하게 팀워크를 이룹니다

STEP 01 : 파악해요

FACT

기존 팀워크와의 개선점 제시
새로운 팀워크를 위한 핵심 과제 도출
팀워크 3개 항목 비교 제시

STEP 02 : 정의해요

So what

새로운 팀워크는 완벽합니다
3가지 항목을 철저히 준비했어요
흐름과 시너지가 생명입니다

STEP 03 : 연상해요

3개의 핵심 항목이 팀워크를 이끄니까….

완벽한 시너지라면 완벽한 삼각형!

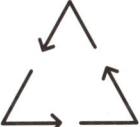

핵심 항목들이 유기적으로 흘러 좋은 결과를….

완벽한 준비로 폭발적인 결과가 탄생하길~

STEP 04 : 그려봐요

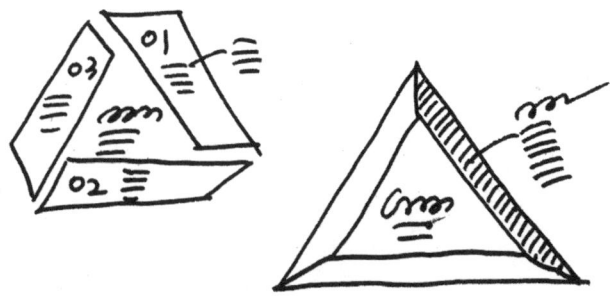

3가지 능력을 고루 갖춘 팀이라고 말하려면 3개 조건이 맞물린 상태를 그려보자. 빈틈 없이 날카롭게 결합하는 결과를 드로잉하면 어떨까?

3개의 항목에 번호를 붙여서 연결하거나 큰 것부터 쌓아 올려서 팀의 완벽함을 보여 주면 어떨까?

STEP 04 : 그려봐요

시너지 효과는 서로 밀어주고 끌어주는 유기적인 결합에서 나오지 않을까? 서로 영향을 주거나 새로운 결합을 보여준다면?

좌우를 살피고, 위아래를 확인하면서 전진하는 상태를 그리면 색다르겠네….
삼각형은 아니지만 3개의 원을 화살표로 연결해서 완전함을 보여주면 어떨까?

STEP 04 : 그려봐요

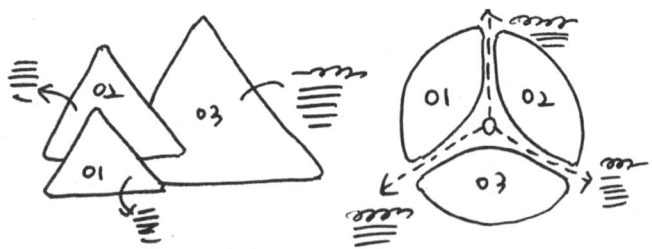

꼭 세 개의 항목을 연결해야만 할까? 산처럼 크고 작음을 표시하자. 아니면 큰 원을 잘라서 삼각형 모양을 만들면 어떨까?

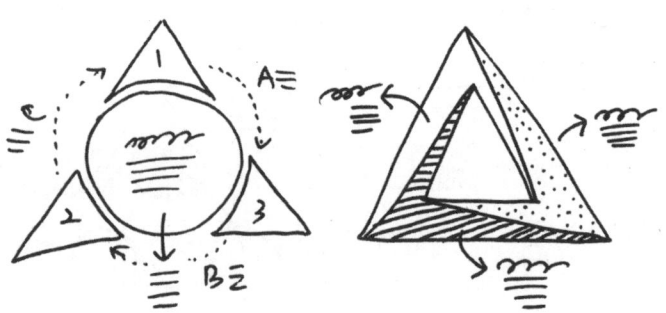

3개 항목이 중앙 원으로 모여 큰 결과를 만들거나 3개의 빈틈없는 노력이 삼각형을 완성한다면….

STEP 05 : 만들어요

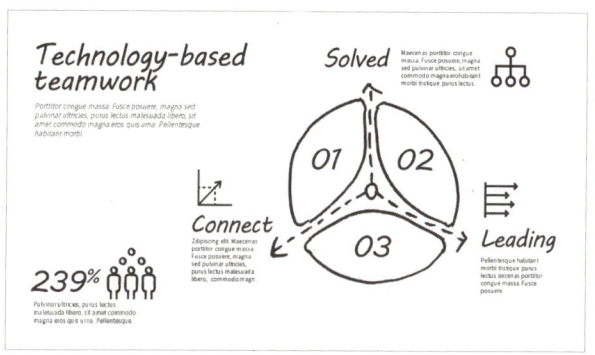

팀워크 시너지는 세 가지 핵심 역량이 필요합니다
드로잉한 결과를 이용하면 자연스럽게 3개의 항목과 시너지 효과가 연출된다.

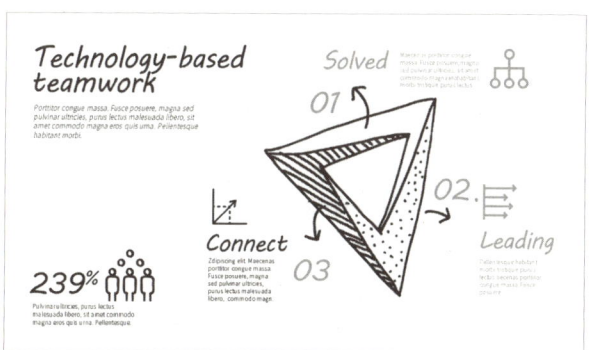

유기적인 팀워크를 지향하므로 3번째 항목이 가장 중요합니다
컬러를 적용하지 않아도 패턴을 채우면 구분과 강조가 가능하다.

STEP 04 : 그려봐요

결과에 필요한 3개의 핵심 요소가 삼각형의 각 꼭짓점에 위치하면 어떨까?

완벽한 결합과 그 사이의 내용을 말하고 싶다면 연결 화살표로 삼각형을 만들자.

STEP 05 : 만들어요

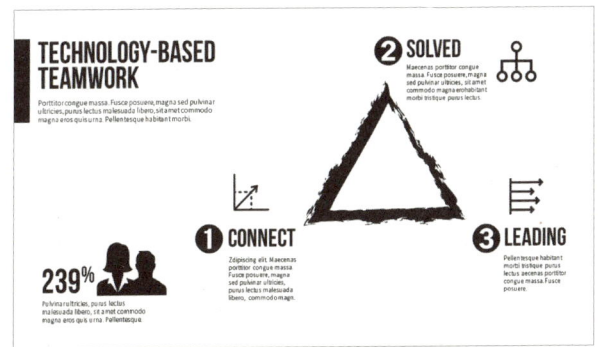

성과 중심의 팀워크를 위해 3가지 항목을 준비하였습니다
정삼각형은 단단하고 힘 있는 결속 의지를 보여줄 수 있다.

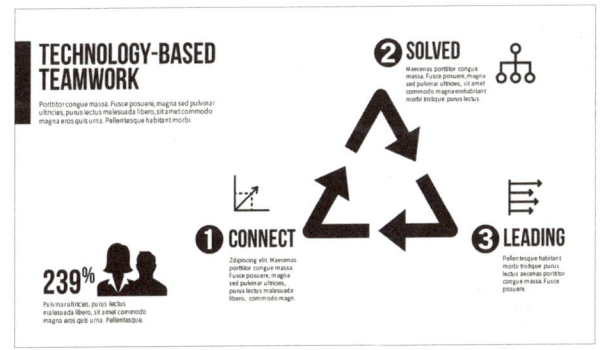

세 개의 항목은 서로 지원하면서 팀워크 시너지를 만듭니다
픽토그램 화살표로 대체하면 경직되어 보이지만 깔끔하다. 명확하게 전달하고 싶다면 추천.

STEP 06 : 벗어나요

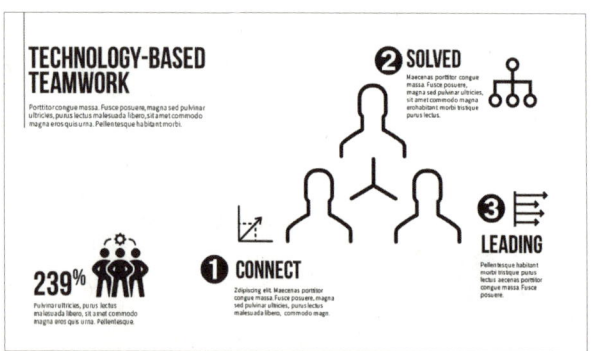

새로운 기술 중심의 팀워크도 결국 사람이 중요합니다
사람 실루엣 삼각형은 완벽한 준비, 사람 중심으로 출발한다는 뜻을 담아낸다.

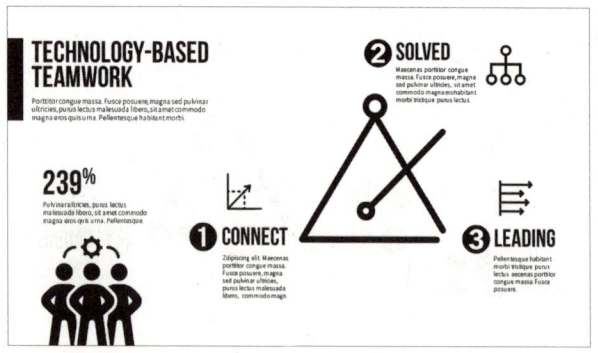

철저한 준비를 통해 조화로운 결과를 만들어야 합니다
3개의 필수 항목이 조화를 이뤄야 한다면 실제 트라이앵글 악기를 사용하자.

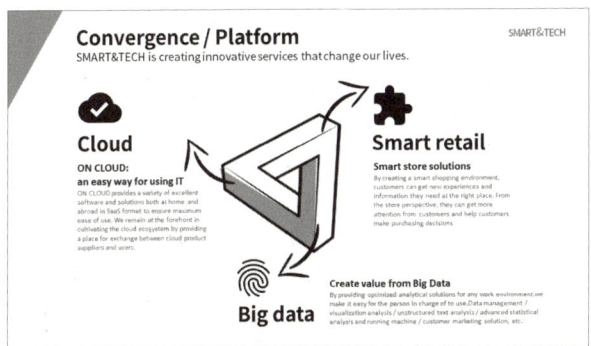

리스크 안정성을 위해 각 기술에 대한 지원과 지속적인 관리가 필요합니다
삼위일체의 완벽함이 계속 만들어져야 한다면 착시 삼각형을 응용하자.

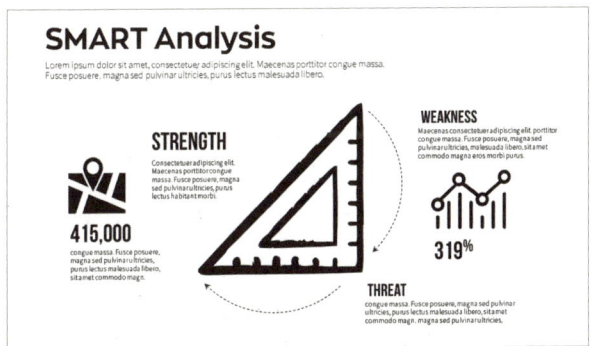

당사 강점과 기회 요인을 중심으로 가능성을 분석하였습니다
특정 항목을 강조하려면 한 변의 길이가 다른 직각 삼각형을 사용하자. 다른 매력이 느껴진다.

GALLERY

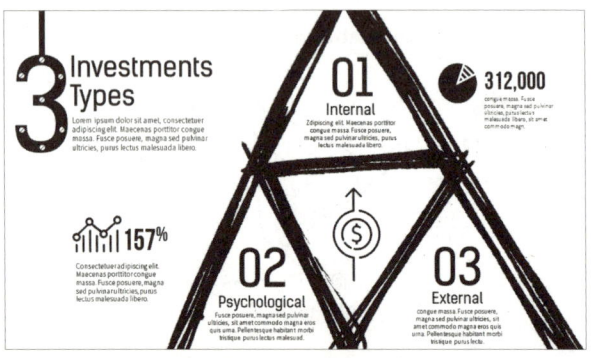

3대 투자 성향 분석이 철저히 이루어져야 합니다
삼각형을 확대하여 일부분만 보여주면 더 크고 강력한 결속력을 전달할 수 있다.

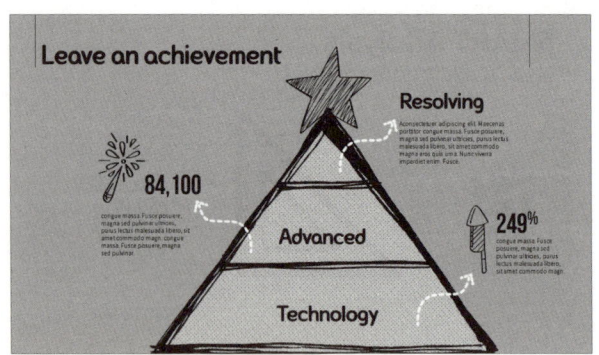

기술력이 뒷받침될 때 놀라운 결과를 낳게 됩니다.
피라미드 구조는 신성함, 완벽함을 뜻한다. 그 끝은 정점, 최고의 결과를 올려 놓을 수 있다.

GALLERY

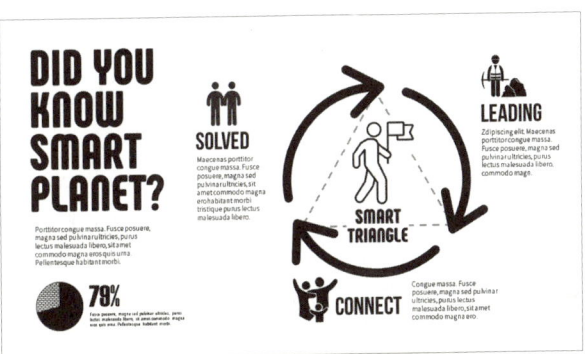

새로운 방법론은 파트별 강점이 더해지면서 플래닛을 이끕니다
원호 화살표 3개를 이용하면 순환, 중심, 집결, 안정성을 함께 전달할 수 있다.

사회적 기업의 성장을 위해서 빠른 조직 개편이 필요합니다
막대그래프를 이등변 삼각형으로 치환하면 상승과 하락, 높고 낮음이 더욱 두드러진다.

도/해/식 드로잉 실력을
빨리 올리고 싶다면?

그림을 정식으로 배우지 않았다면 도/해/식 드로잉은 큰 부담이다. 이 때는 빠르게 여러 번 그리는 방법으로 해결 할 수 있는데 기본적으로 정확하고 천천히 그리지 않아야 한다. 기본 도형을 예로 들면 잘 그리겠다는 욕심으로 펜을 천천히 움직여서 그리면 비뚤비뚤 내 맘 같지 않다.

반면 빠르게 여러 번 선을 긋는 방법은 비뚤거림은 줄어들고 여러 선이 겹쳐지면서 자연스럽게 모양이 갖춰진다. 잘 그리려고 하지 말고 투박하고 자연스럽게 그리는 것이 핵심이다. 도/해/식 드로잉은 손 맛이 느껴져야 한다.

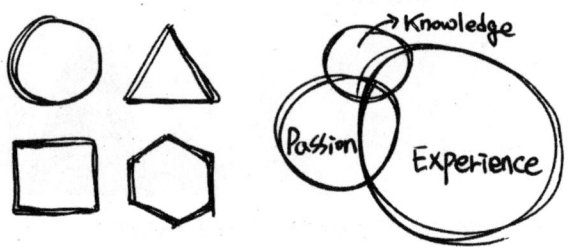

주인공 모양은 여러 번 긋는다. 자연스러운 드로잉이 되도록 연습하자.

아트펜 1mm 이상은 납작 형태로 드로잉 했을 때 가로세로 굵기가 다르므로 도/해/식 내용의 핵심 도형과 라인 표현이 쉽다.

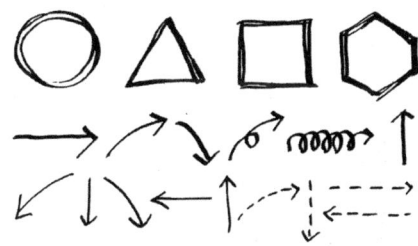

도/해/식으로 자주 사용하는 라인은 저장한 후 슬라이드 작성에 확용하자. 대, 중 소 구분과 강, 약을 조절하여 여러 라인과 화살표를 그린 후 촬영하여 각각 개별 이미지로 잘라 놓으면 된다.

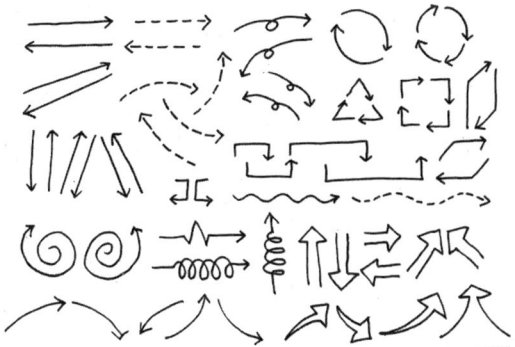

RECTANGLE

규칙이 중요해요
사각형

정확하게 분배하겠습니다. 약속과 규칙이 필요합니다. 정비례 관계에서 고민해 보세요. 공동체 의식을 갖고 관계를 정상적으로 회복합시다. 이번 제휴는 충분히 검증된 결과입니다. 인구 분포를 계층별로 살펴보겠습니다. 분석 결과 서비스 만족도가 더 높게 나타났습니다. 4P 분석을 통해 전략을 수립하였습니다. SWOT 분석 결과를 보면 특이한 점이 눈에 띕니다. 이번 전시는 현대적인 감성을 알리는 기회입니다. 신제품은 남성 고객을 타겟으로 설정하였습니다. A 사업 영역을 확장하면 C 영역이 축소됩니다. 기초가 튼튼해야 방향을 잃지 않습니다. 새로운 사업 영역은 정확한 판단이 필요합니다.

땅, 단순한, 휴식처, 공동체, 집, 밭, 논마지기, 구획이 잘된, 가장 기본적인, 조합하는, 질서를 유지하는, 반복되는, 현대적인, 일정한 틀, 형식에 맞추는, 프레이밍, 영역 알리기, 도시 질서, 평등한, 공정한, 폐쇄된, 감옥, 갇혀진, 비상구, 통로, 창문, 공동체, 보호받는, 신뢰를 얻는, 소속감, 픽셀, 관계 형성, 개념적인, 정리정돈, 건축 구조를 지닌, 정지된, 기초를 이루는, 규칙적인, 운동장, 경기장, 링, 모듈, 유닛,

패턴 요소, 균등한, 일정한, 수평과 수직, 무난한 상황, 분석한 결과, 크기의 비교, 구역, 일정한 틀, 규칙과 규범을 지키는, 통과의례, 정갈한, 쌓아 올리는, 블럭, 큐브, 주사위, 합리적 사고, 많은 것을 담아내는, 매개체 역할을 하는, 면적이 크고 작은, 트리 맵, 황금 분할, 포지셔닝, 딱딱한, 남자다운, 차가운, 가득 채워진, 물질적으로 완벽한….

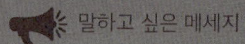 말하고 싶은 메세지

정량 평가하여
분석하였습니다

STEP 01 : 파악해요

FACT

새로운 시장에서의 가능성 제시
4개 항목을 정량적으로 분석
분석 결과의 신뢰성 전달

STEP 02 : 정의해요

So what

정량적으로 철저히 분석하였습니다
장단점을 합치면 새로운 결과가 나옵니다
사업 타당성이 높다는 의견입니다

STEP 03 : 연상해요

사분면으로 나누어 분석한 결과를 제시한다면?

SWOT 4개 항목별로 정량화해야 하니까….

각 모듈을 합쳐서 새로운 아이디어를 만들자.

분석한 결과에서 좋은 아이디어를 뽑아내자!

STEP 04 : 그려봐요

사각형은 정략적으로 분석하거나 균등하게 나눈다는 의미를 지닌다. 연상되는 아이디어를 그릴 때 크기, 강약, 대·중·소를 고려하면서 주인공과 조연을 생각하자. 다만 사각형을 펜으로 드로잉하면 정확도가 떨어지므로 최종 도해식은 파워포인트로 작업하는 것이 유리하다.

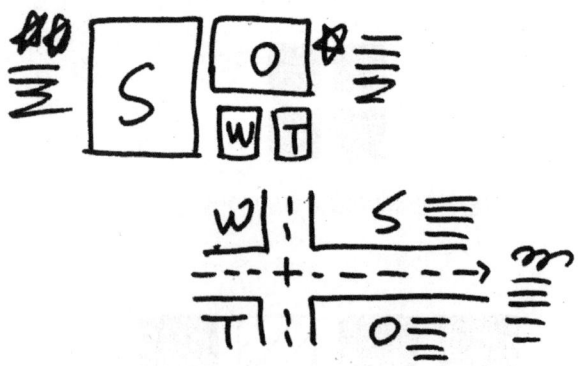

분석 결과를 나열하는 것보다는 무엇이 으뜸이고, 중요한지 말해야 상대방의 관심을 얻을 수 있다. 방향, 강조, 대비 값을 적용하면서 드로잉하자.

STEP 04 : 그려봐요

중점적으로 살펴본 항목은 크게, 나머지 항목은 작게 표현하면 어떨까? 상대방은 분석 결과를 봤을 때 곧바로 어떤 것이 더 중요한지 빠르게 판단할 수 있다.

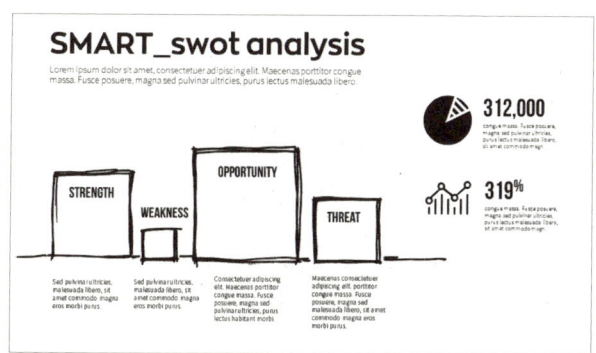

경쟁 상황에서 우리의 강점과 기회 요소를 확인해 보겠습니다
드로잉한 결과를 슬라이드에 그대로 가져와서 항목 이름만 작성해도 OK.

STEP 05 : 만들어요

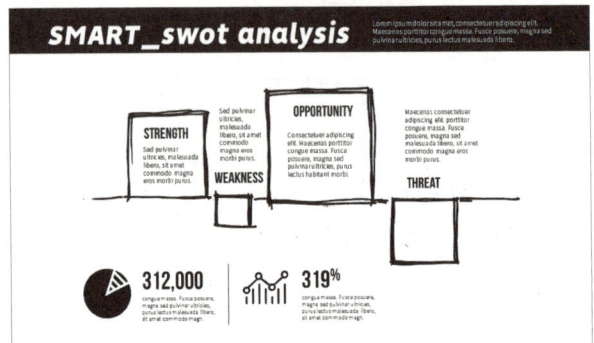

드로잉한 결과를 그대로 써도 되지만 살짝 변경하면 활용도가 높아진다. 분석 결과인 4개의 사각형 이미지를 각각 잘라서 상하로 배치하자. 위아래 대결 구도가 만들어진다.

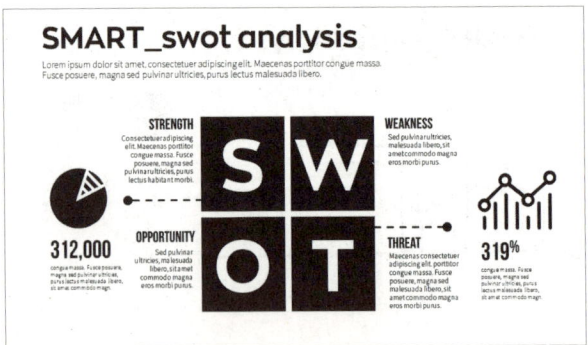

SWOT 4개의 항목을 모두 정량적으로 분석한 결과입니다
항목별로 정확하게 분석한 결과라고 말하고 싶다면 크기를 같게 한다.

STEP 05 : 만들어요

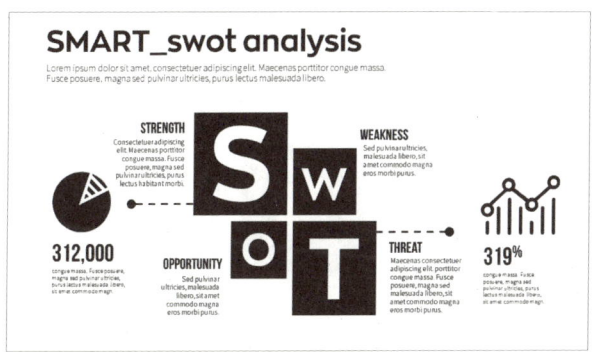

<mark>현재 시장 상황에서 강점과 위협요인은 무엇일까요?</mark>
정보의 중요성을 표시하려면 크기를 다르게 하거나 강약을 조절하자. 정보는 대비될수록 직관성은 높아진다.

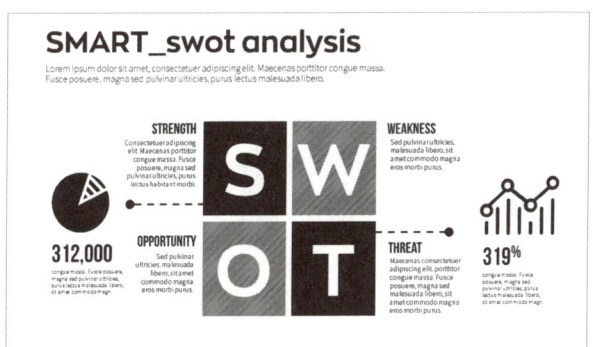

<mark>강점에 대응하는 위험요소를 집중적으로 살펴보았습니다</mark>
내용 구분은 강약, 대소, 굵기, 높이를 다르게 해서 표현할 수 있다.

STEP 06 : 벗어나요

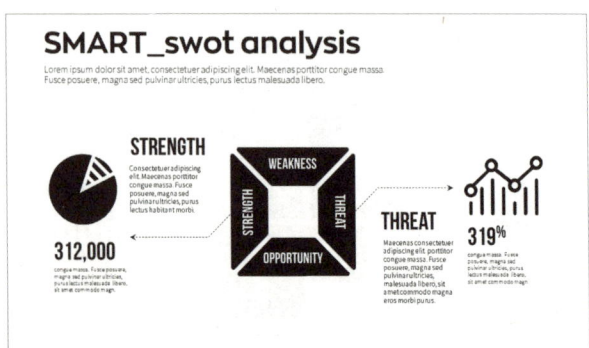

사업 목표 달성을 위한 시장 환경을 확인해 보았습니다
같은 사각형이라도 대각선으로 자르면 중심으로 모이거나 바깥쪽으로 펼쳐진다.

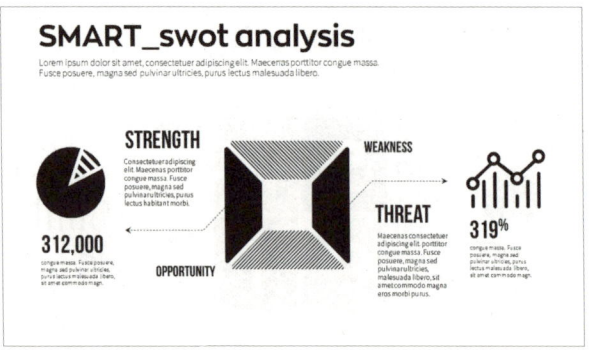

강약을 조절할 때 컬러를 사용해도 되지만 [패턴 채우기]를 적용하면 주인공과 조연이 쉽게 구분된다.

STEP 06 : 벗어나요

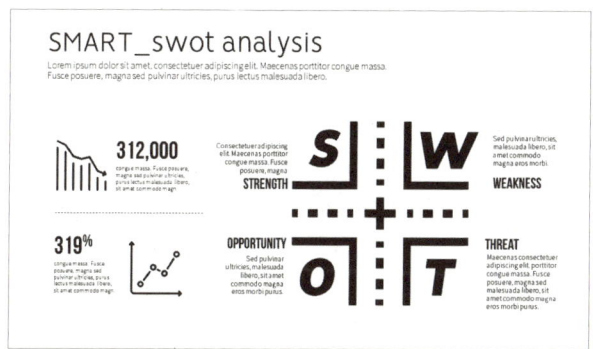

강점과 기회 요인에 대하여 한 걸음 더 들어가 보겠습니다
중점을 두는 쪽 여백을 더 넓게 하여 정보를 담자. 자연스럽게 관심을 끌게 된다.

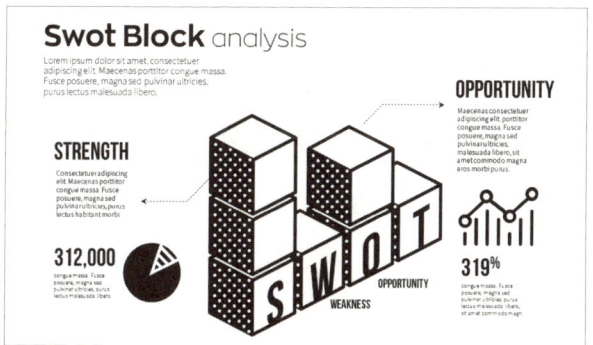

기술력과 시장 조건이 우수해서 신제품 런칭이 순조롭습니다
모듈 방식으로 블록을 쌓는다고 가정하자. 더 많이 쌓은 쪽이 중요하게 바라봐야 할 내용이 된다.

GALLERY

<mark>중국 게임 시장을 마케팅 믹스 관점에서 분석하였습니다</mark>
중앙에 상징물을 놓고 면적을 잘라 같은 크기의 사각형을 만들면 치우침 없어 보인다.

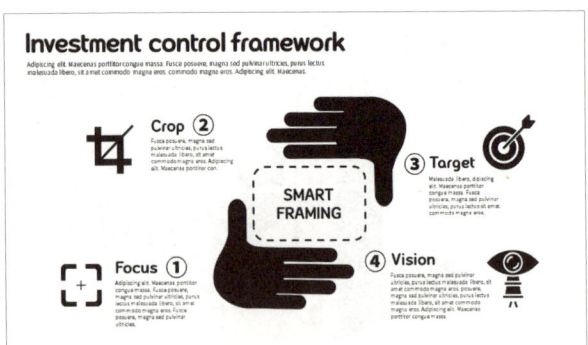

<mark>투자 가치를 확인하기 위한 새로운 프레임이 필요합니다</mark>
사각형을 관점과 연결하면 프레임이라는 단어가 떠오른다. 사각형의 2차 연상을 다양하게 활용하자.

GALLERY

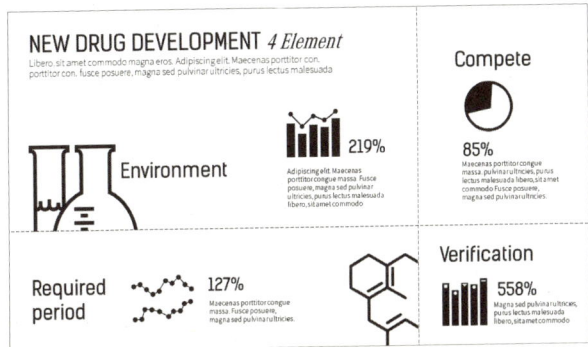

새로운 신약 개발은 환자 환경 측면을 최우선으로 고려해야 합니다
전체 면적을 중요도와 양에 따라서 나누자. 화면을 부분적으로 사용할 수도 있지만 화면 전체를 가로질러 구분하면 공간 활용이 자유롭다.

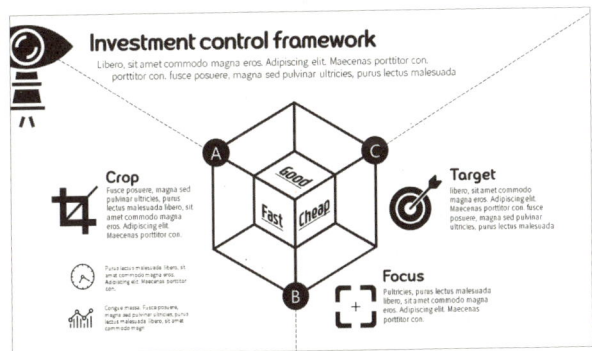

좀 더 다양한 관점으로 입체적 분석을 해보겠습니다
사각형을 확대 해석하면 정육면체가 되고, 그 사이의 3개 관점을 찾을 수 있다.

슬라이드에서 도/해/식 형태를 쉽게 만들고 싶다면?

파워포인트에서 도/해/식으로 사용하는 다양한 모양의 도형을 쉽고 빠르게 만들고 싶다면 [도형 병합] 기능을 이용한다. 통합, 결합, 조각, 교차, 빼기 기능으로 도형을 겹쳐서 합치거나 뺄 수 있다.

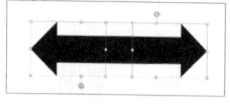
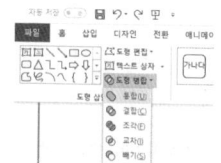

두 개의 도형을 함께 선택한 후
[도형 병합] - [통합] 적용

[통합]은 완전한 도형이 되고, [조각]은 겹친 모든 도형을 조각낸다. 4방향의 매트릭스를 그리고 싶다면 화살표 도형을 복사해서 병합한 후 다시 복사하고 겹쳐서 조각낸다.

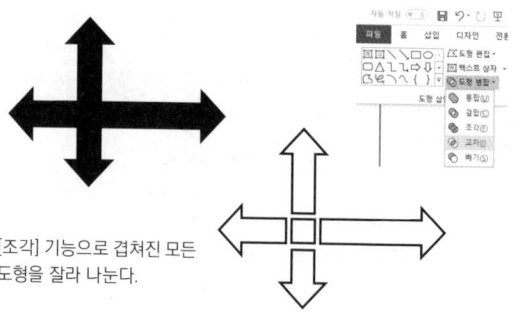

[조각] 기능으로 겹쳐진 모든
도형을 잘라 나눈다.

조각난 도형을 이용하여 도/해/식을 쉽게 구성할 수 있는데 크기, 위치, 길이, 강약, 음영, 컬러 등을 원하는대로 적용할 수 있다.

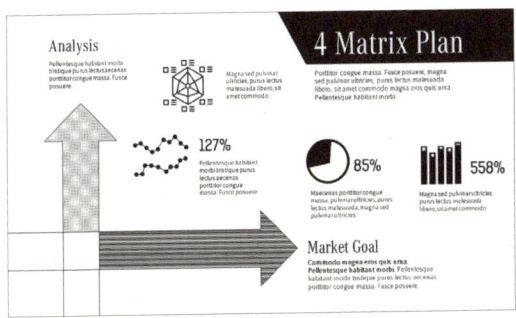

진입하려는 목표와 시장 분석을 좀 더 집중해서 보겠습니다
[병합] 기능을 활용하면 원하는 모양의 형태를 모두 만들 수 있다.

다시 목표를 구체적으로 살펴보면 어떤 모습일까요?
벤다이어그램을 조각내어 각각의 목표치를 제시해도 재미있는 도해식을 만들 수 있다.

도/해/식으로 사용할
픽토그램을 빠르게 구하려면?

펜으로 그린 드로잉 결과를 슬라이드에 옮겨 사용하면 가장 좋다. 하지만 그리기 어렵거나 정확도가 요구될 때는 파워포인트와 키노트에서 직접 도/해/식을 작성해야 하는데 이때 픽토그램은 중요한 역할을 한다.

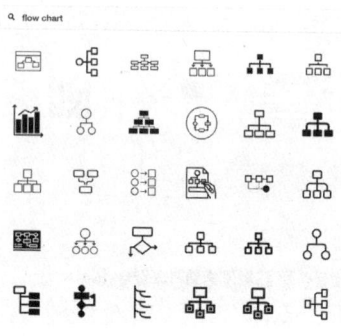

심벌, 픽토그램
www.thenounproject.com
www.flaticon.com
www.iconmonstr.com
material.io/icons
commons.wikimedia.org

클립아트
www.openclipart.org
www.clker.com

이미지
www.pexels.com
www.pixabay.com
www.pngimg.com

thenounproject.com에서
'flow chart'를 검색한 결과

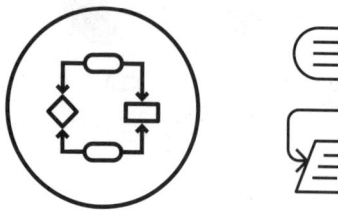

목적에 맞는 픽토그램이 있다면 다운 받아서 사용하자.

PNG 형식은 픽셀 이미지로 배경이 투명하기 때문에 사용이 편리하지만 수정, 편집이 어려운 단점이 있다. 반면 EMF, WMF, SVG 형식은 벡터 방식으로 수정 가능하다. 목적에 맞게 선택하자.

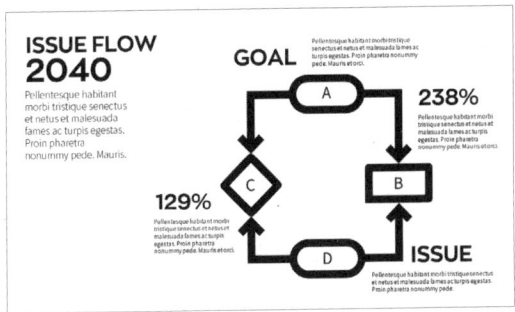

PNG 파일은 배경이 투명한 픽셀 이미지로 수정은 어렵고 SVG 형식은 벡터 방식이므로 그룹을 해제하여 수정, 편집, 변형이 자유롭다

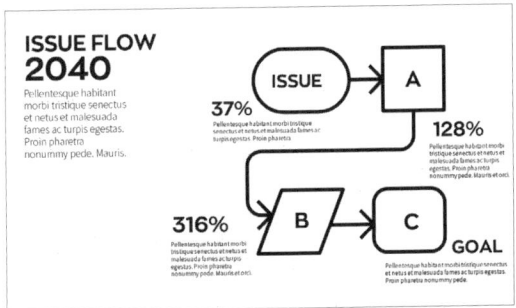

전달할 내용이나 상징되는 문구를 좀 더 구체적으로 정의한 후 알맞은 키워드로 픽토그램을 검색해야만 시간을 허비하지 않는다.

도/해/식으로 사용할
픽토그램을 빠르게 구하려면?

주제와 내용이 펜으로 그리기 까다로운 상징물이나 도해라면 너무 고민하지 말고 무료 사이트에서 검색 달인이 되자. 예를 들어 요가 자세에 대한 도/해/식을 만들거나 남녀 특징을 개와 고양이로 비유해서 표현하고 싶다면 드로잉은 어렵겠지만 도움 사이트를 활용하면 문제없다.

openclipart.org에서 'Yoga poses'를 검색한 결과

thenounproject.com에서 'cat'과 'dog'를 검색한 결과

검색은 항상 영문으로 하고 SVG 형식이나 WMF 형식을 우선적으로 사용해서 컬러와 크기를 변경하자. 파일 형식의 장단점을 익혀두면 도/해/식 작업에 많은 도움이 된다.

벡터 방식은 수정이 자유롭다. 그룹 해제한 후 검정으로 바꾸고 크기를 조절해서 사용했다.

검색하면 드로잉 느낌의 픽토그램과 아이콘을 손쉽게 만날 수 있다.

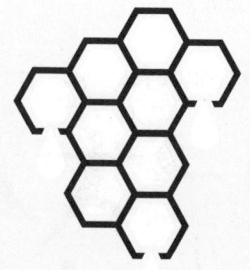

HEXAGON

연결하고 분리해요
육각형

　각 단계별로 리포트가 제공됩니다. 서로 연결되어 확장합니다. 빈틈없이 기술 이전을 마쳤습니다. 각 팀은 분리하거나 더 크게 합칠 수 있습니다. 구성원 한 명은 전체를 대표해야 하죠. 문제점을 빠르게 찾아 해결합니다. 내년에는 모듈 방법을 이용한 교육 체계를 수립하려고 합니다. 이상 징후는 조직 전체에 빠르게 퍼집니다. 전국의 창의적인 모범사례는 주요 거점에 전파해야 합니다. 치우치지 않은 정책으로 결실을 보겠습니다. 서로 융합된 에너지를 나누면 어떨까요? 협동심을 발휘할 수 있도록 체제를 구축합니다. 안전한 환경을 위해 새로운 프로세스가 적용될 것입니다. 상생과 화합은 놓치지 말아야 합니다.

필요에 따라 탈부착 가능한, **가장 안전한**, 건축이 잘된, 튼튼한, **빈틈이 없는**, 짜임새 좋은, 열심히, 꿀벌과 벌집, 점점 뻗어나가는, 모두 연결된, **확장이 가능한**, 모듈러, 패턴이 채워진, 공간이 확보된, 눈 결정체, 유용한, 다양한, **효율성 높은**, 새로운 탄생, 음양이 융합된, 에너지가 교류하는, 충만한, **낭비하지 않는**, 중용을 지키는, 물의 결정, 계속 이어지는, 태양의 빛, 솔로몬의 모양, 볼트와 너트, 약점이 없는,

결속력이 높은, 공격과 수비를 할 수 있는, 접촉을 자주 하는, 경계가 두드러지는, 튼튼하게 이어주는, **결합과 분리**, 협동심이 강한, 실용적인 공간 활용, 촘촘히 짜인, 통합 시스템, **부분이 모여 전체를 만드는**, 힘이 균등한, 계속 채워나가는, 치우치지 않은, 대응이 가능한, 요소와 전체의 관계, 오브젝트의 구성 성분, 조립식 주택, **변신이 자유로운**….

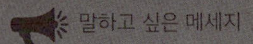 말하고 싶은 메세지

빈틈없이
확장해 나갑니다

STEP 01 : 파악해요

FACT

세일즈 팀 구성에 대한 확신 전달
팀 구성의 이유와 차별성 제시
연결, 확대, 추가, 예상, 흐름을 포함

STEP 02 : 정의해요

So what

세일즈 팀은 체계적이고 매우 친밀합니다
우리 세일즈 팀은 빈틈이 없습니다
팀은 독립적이지만 지원 시스템을 갖췄습니다

STEP 03 : 연상해요

지속적으로 확장하면서 변형되니까….

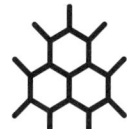

완벽한 협동 체제를 구축했죠. 앞으로도 점점….

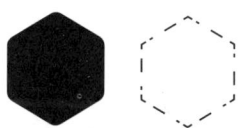

실존하는 것과 예상하는 것을 한꺼번에 보여주려면….

열심히 꿀을 모으는 세일즈 팀!

STEP 04 : 그려봐요

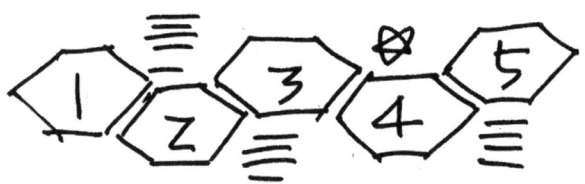

육각형은 계속된다. 지속한다. 유지한다, 연결한다, 확장한다, 이어진다, 흘러간다. 우측으로 붙이면 더 촘촘해 보이고 체계적으로 느껴지지 않을까?

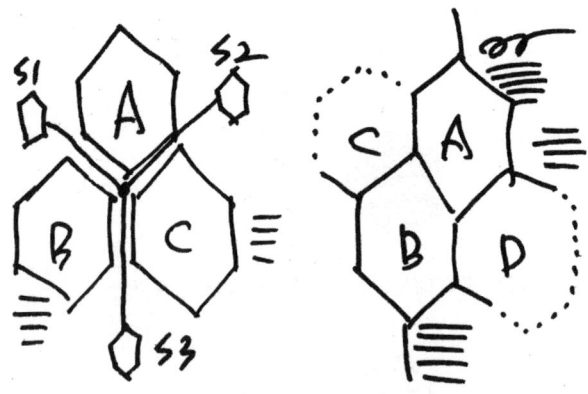

실제와 가상은 실선과 점선으로 구분하자. 3개의 육각형을 삼각 모양으로 붙이고 그 사이를 말하면 서로의 관계를 세밀하게 제시할 수 있다.

STEP 05 : 만들어요

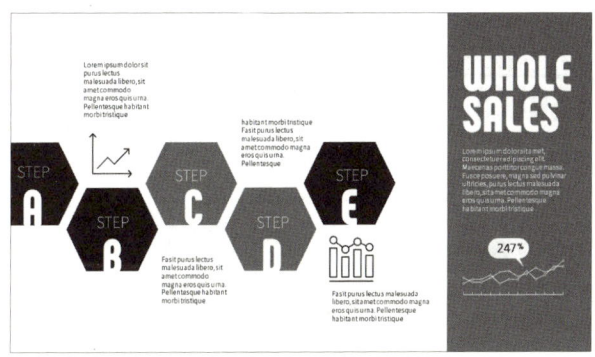

세일즈 팀은 유기적인 결합으로 좋은 결과를 만들고 있습니다
육각형은 간격을 정확히 유지해야 한다. 눈으로 볼 때 어색하지 않도록.

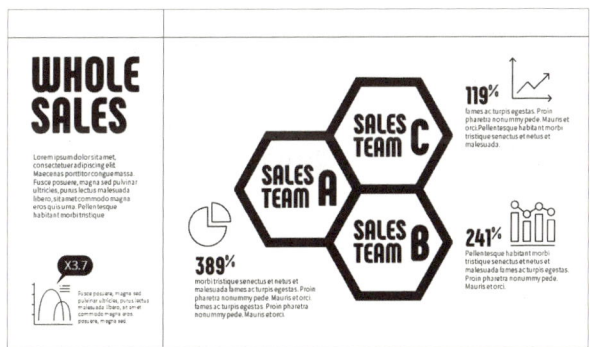

새로운 세일즈 팀은 결합과 분리가 가능하여 시장 상황에 빠르게 대응합니다
육각형은 정확한 드로잉이 어렵다. 드로잉 보다는 슬라이드에서 도형 기능으로 만드는 것이 유리하다.

STEP 05 : 만들어요

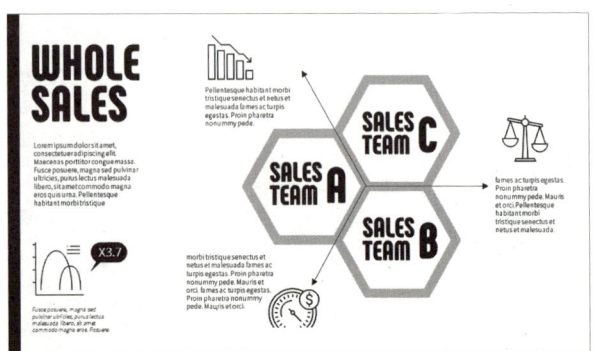

팀 상호간의 지원 시스템과 경쟁 코드를 추가하였습니다
육각형과 육각형 사이는 빈틈이 없다. 그 사이에 선을 그어 말하면 과정과 필요한 항목을 말할 수 있다. 좀 더 정밀한 느낌을 준다.

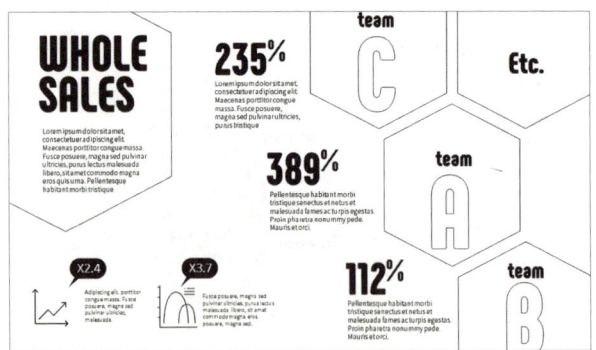

각 팀의 세일즈 성공은 전체의 가능성을 말해주고 있습니다
주어진 전체 면적을 육각형으로 배치하는 것도 좋은 방법이다. 복잡해 보이지 않도록 선은 얇게 처리.

STEP 06 : 벗어나요

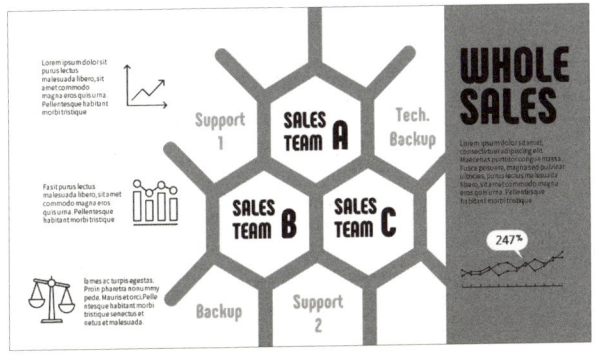

세일즈 팀 주변에는 문제 해결을 돕는 지원 시스템이 존재합니다
핵심은 주변과 확실하게 구별되어야 한다. 크기, 컬러, 음영 등의 차이를 두자.

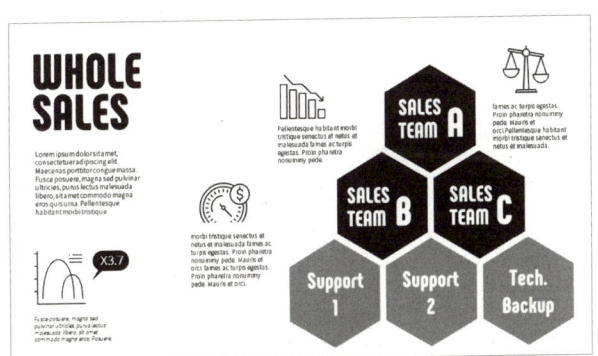

세일즈 팀은 체계적인 지원과 보상 시스템을 적용합니다
육각형을 모아서 다시 삼각형 모양으로 쌓으면 신뢰, 정확도, 체계적인 연결을 강조할 수 있다.

STEP 06 : 벗어나요

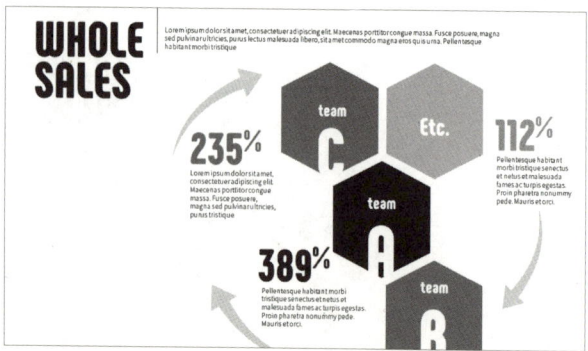

<mark>세일즈 팀의 시스템은 독립적이지만 빠른 협력이 가능합니다</mark>
협력한다, 연결된다, 지원한다 등의 의미는 육각형으로. 강약은 음영으로 처리.

<mark>시스템의 가장 큰 특징은 하나의 팀처럼 움직인다는 것입니다</mark>
앞쪽 슬라이드에서 전체 그림을 제시했다면 그중에서 세부 항목을 확대 전개하면 이해가 쉽다.

GALLERY

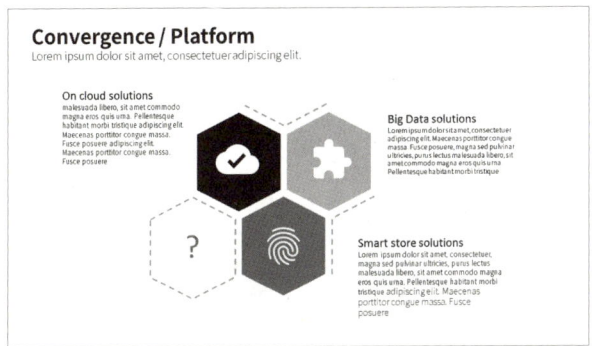

기존 플랫폼의 통합 제어는 새로운 기능을 요구합니다.
실제 영역은 실선, 추가될 영역은 점선으로 처리하면 궁금증을 증폭시킬 수 있다.

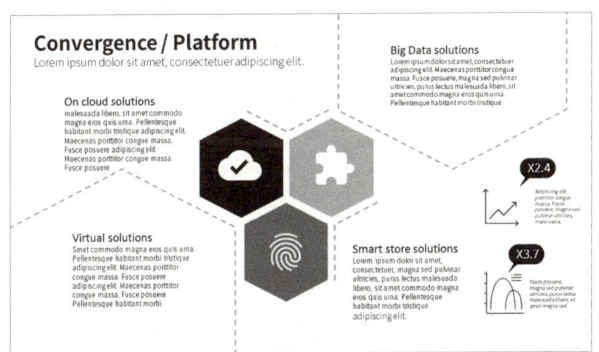

검토 결과 가상 솔루션을 고도화하고 빅데이터를 증설하겠습니다
예정 항목을 확대하거나 이동하여 정보를 제시하면 시선을 사로잡는다.

GALLERY

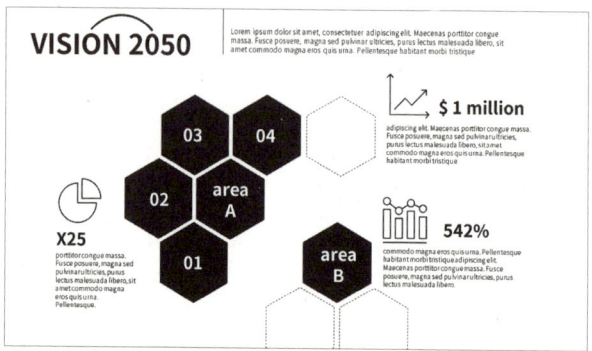

<mark>새롭게 개척할 신사업 분야는 과감한 투자가 진행될 것입니다</mark>
색이 채워진 육각형은 현재를 말한다. 색을 비우고 테두리를 점선으로 표시하면 예정, 예상, 추측 영역을 만들 수 있다.

<mark>한 해 동안 기부 천사들은 참 많은 일을 해냈습니다</mark>
체계적으로 많은 일을 했다면 육각형으로 시작하자. 널리 퍼트린다는 의미가 포함된다.

투자를 통한 다양한 이익을 살펴보겠습니다
많다, 다양하다, 궁합이 맞다, 결합한다 등의 의미도 육각형이 매력적이다.

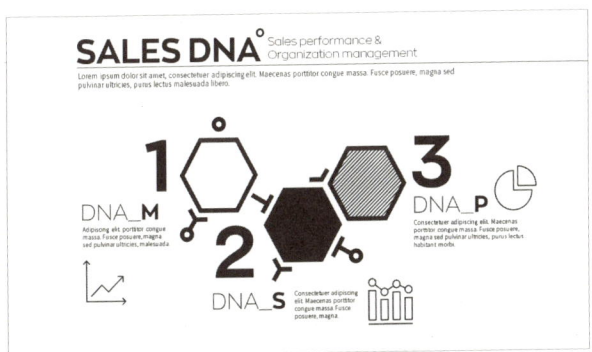

업계 1위의 세일즈 DNA는 분명 다릅니다
내용 연상을 했더니 DNA가 떠올랐다면 육각형을 사용하자. 내용과 밀착된 느낌이 강하다.

일관되고 통일성 있는
도/해/식을 완성하려면?

도/해/식을 완성하는 기본 조건은 일관성과 통일성. 드로잉 결과를 사용할 때는 모두 그림 이미지를 준비하자. 픽토그램이나 아이콘, 클립아트는 컬러, 라인, 두께, 크기, 간격을 일정하게 사용한다.

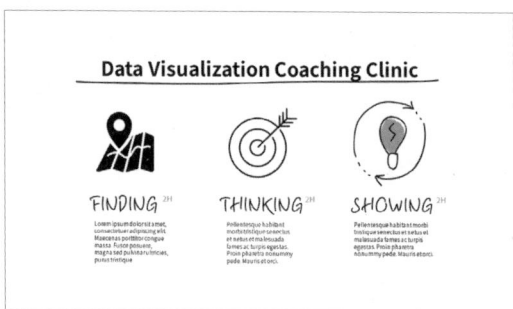

픽토그램, 클립아트, 그림 유형을 혼합 사용하면 통일성이 떨어지고 지저분하다.

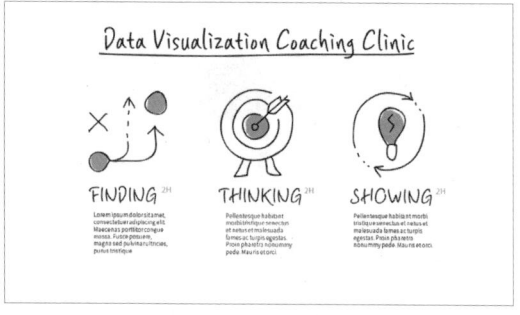

드로잉한 결과를 사용하려면 같은 형식으로 일관성을 유지하자.

의외로 크기, 간격, 여백 등이 맞지 않으면 완성도가 낮아진다. 여백은 상단과 좌측을 좀 더 많이 확보해야 안정감이 생긴다.

픽토그램은 전체적으로 검정, 회색, 흰색으로 사용하고, 필요할 때만 컬러를 사용해야 가독성을 유지할 수 있다.

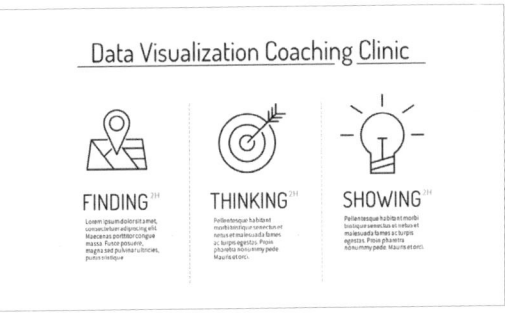

라인으로 만들어진 픽토그램은 두께가 일정해야 통일성이 생긴다. 폰트는 전체 분위기와 어울려야 하는데 고딕은 두루 잘 맞고, 손글씨는 자유스럽다.

MODULE

합치면 변신해요
모듈

작은 힘이 모여 큰 결과를 만듭니다. 서비스를 강화하면 어떤 일이 벌어질까요? 전략이란 같은 모양과 크기가 아닙니다. 최적화는 맞춤의 수준입니다. 나머지 한 개의 퍼즐 조각은 무엇일까요? 아무리 튼튼한 건물이라도 한두 개의 핵심이 빠지면 무너지는 법이죠. 이번 사건은 경기 침체 도미노의 시작이 될 것입니다. 경험이 쌓이면 목표에 가까운 그림이 그려집니다. 모듈공법을 사용하여 집을 짓습니다. 개체들이 모여서 오브젝트를 완성합니다. 더하고 빼고 나눠보세요. 다음 블럭은 어떤 모양이어야 할까요? 천천히 전문성의 계단을 밟아 왔습니다. 프로세스는 모듈 방식으로 기획되었습니다. 흩어진 조각을 모을 시간입니다.

같은 모양 찾기, 끼우고 빼기, 쌓고 무너뜨리기, 맞춤, 전체 중의 일부, 점들이 모여 그림이 되는, 블록 빨리 쌓기, 작은 단위로 큰 개체 완성, 패턴 만들기, 픽셀, 기초 단체, 기본 단위, 맞춤 서비스, 장미목 상감, 교정이 필요한, 합체 변신 로봇, 도미노, 레고, 큐브, 퍼즐 맞추기, 테트리스, 벽돌 쌓기, 모듈러 주택 시공, LED 모듈, 전체 중 독립적 요소, 기능 단위, 조립 방법, 최소 모양, 연결의 극대화, 하나둘 모여서 전체를 말하는, 조각들의 모임, 결합하고 분리하는, **핵심 개체를 찾는**, 타일 모양대로 붙이기, 출발점이 되는, 기술의 핵심, 반복되는 항목, 젠가, 텍스타일, 본체에 대한 하위 단위, **결과를 위한 척도**, 모듈 디자인 뒤쪽으로 이동, 모듈 디자인, 객체로서의 독립성, 작지만 강한, 부족한 모양 찾기, 마지막 조각, 개인에서 조직까지, 효율 극대화, **최적화 수준**, 가성비, 복제….

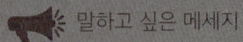 말하고 싶은 메세지

가능성은 곱하고 가치는 나눕니다

STEP 01 : 파악해요

FACT

협력사와의 상생 전략 발표
열정, 비용, 가능성, 가치에 대한 항목별 정리

STEP 02 : 정의해요

So what

상생을 위해 더하고 빼고 곱하고 나눕니다
같은 전략이지만 분야별 크기는 다르죠
곱하기와 나누기 영역을 확장합니다

STEP 03 : 연상해요

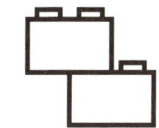

같은 블록을 여러 개 쌓아서 비교할까?

사칙 연산 모듈로 말하면 이해가 빠를 것 같은데….

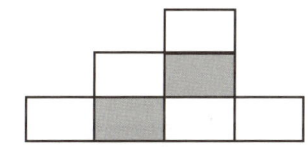

블록을 쌓아 중요도를 나타내면 좋겠는데….

조각 퍼즐이 모여서 큰 그림을 그리면 어떨까?

STEP 04 : 그려봐요

더하고 빼고, 쌓고 맞추고, 조립하고 분해하자. 레고, 젠가, 큐브, 테트리스…. 아이디어 총출동! 블록은 정확도가 필요하니 아이디어만 드로잉하고 슬라이드에서 복제 기능으로 만드는 것이 유리하다.

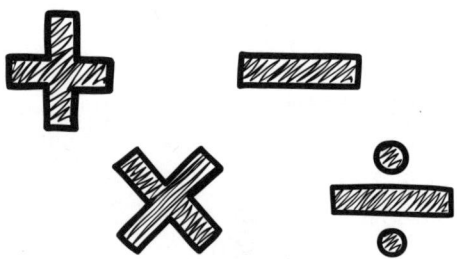

사칙연산 공식으로 말하자. 비용은 빼고, 가치는 나누고, 가능성을 곱하고…. 같은 더하기 빼기라도 어떤 주제를 붙이느냐에 따라 의미는 달라진다.

STEP 05 : 만들어요

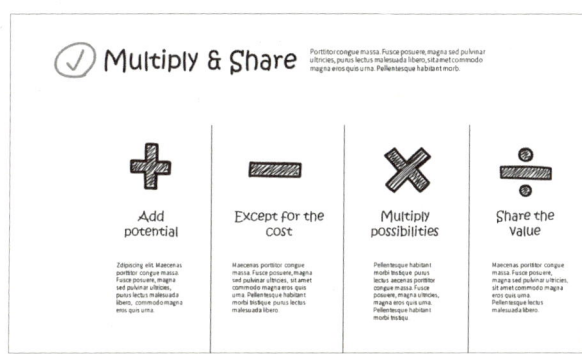

잠재력을 더하고 가능성은 곱하고 가치는 나누겠습니다
4개의 모듈, 4개의 영역, 4개의 연산으로 말해보자. 통일성을 위해 크기와 여백, 수평 수직을 일정하게 맞추자.

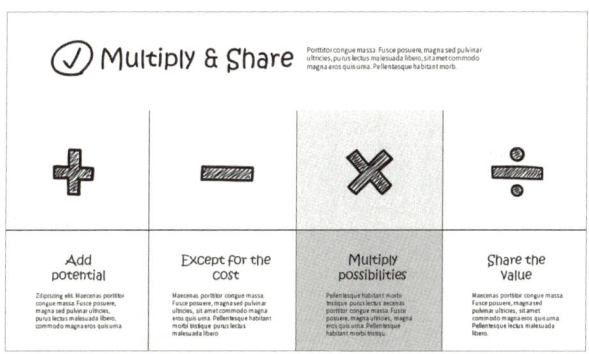

모든 역량을 가능성에 집중하겠습니다
보이는 화면 전체를 4와 8로 나눠서 모듈을 만들자. 중요한 모듈은 음영을 적용하여 주위보다 강조하여 시선을 유도.

STEP 05 : 만들어요

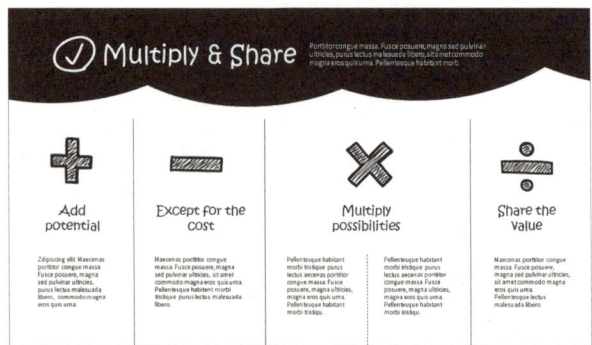

4개의 항목 중 가능성 확대에 투자할 계획입니다
모듈은 다시 분리하면 더 작은 모듈이 생성된다. 합치면 더 큰 모듈로 변신.

10개의 모듈을 만들어 놓고, 필요에 따라 병합하여 바둑판을 만들자. 중요도는 음영이나 컬러로 처리.

STEP 06 : 벗어나요

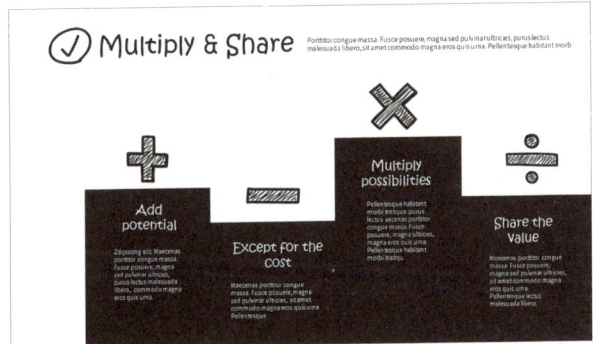

협력 기관과는 잠재력과 기회에 힘을 쏟겠습니다
모듈을 올림픽 단상으로 생각하자. 쌓아서 중요도를 표시할 수 있다.

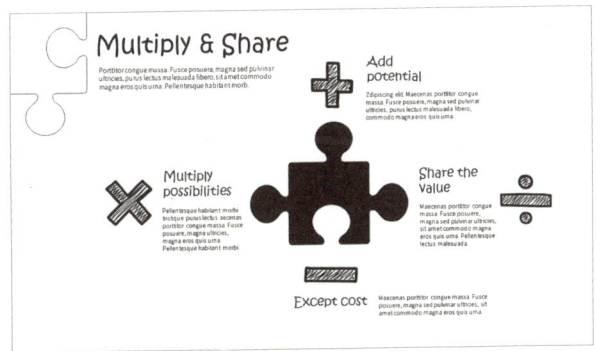

4개의 핵심 기술은 실행력으로 정확성을 높여야 합니다
퍼즐 조각을 전체 그림의 모듈이라고 생각하자. 어떻게 맞추느냐에 따라 그림이 달라지듯이 실행력을 퍼즐 맞추는 행위로 상상하자.

GALLERY

새로운 환경 이슈는 마케팅 기획에서 가장 민감한 변수입니다
테트리스 게임에서 간절히 소망하는 긴 막대를 제일 중요한 요소로 정의한다면?
이야기는 스펙터클!

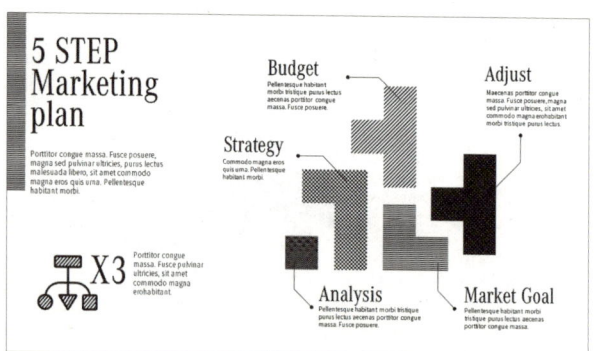

마케팅 전략 전체를 제대로 완성하려면 단계별 정확성이 요구됩니다
테트리스 모양으로 항목별 특징을 담자. 뾰족한 전략, 꽉 찬 실행, 새로운 목표….

GALLERY

기술과 경험의 결합은 투명 감사의 수준을 높입니다
퍼즐을 그대로 사용해도 좋지만, 축소와 확대를 통해 강조하면 재미가 두 배!

디지털 기술과 경험의 결합으로 새로운 감사 전략을 만들어 갑니다
지퍼를 여미듯 두 개 요소가 결합하여 하나의 결과를 만들겠다고 말해보자.

GALLERY

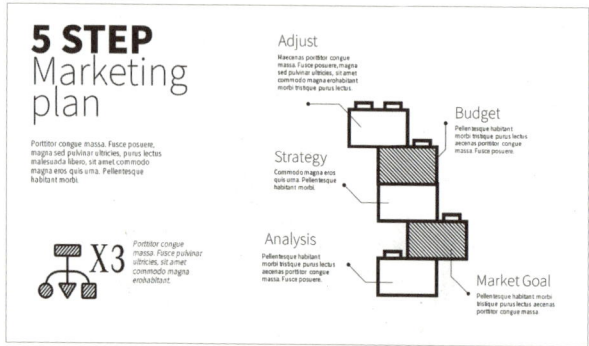

마켓 골과 비용 투자가 이번 전략의 승부처가 될 것입니다
블록 쌓기 게임을 생각하자. 레고도 결국 몇 개의 블록을 쌓아서 거대한 결과를 만드는 것처럼.

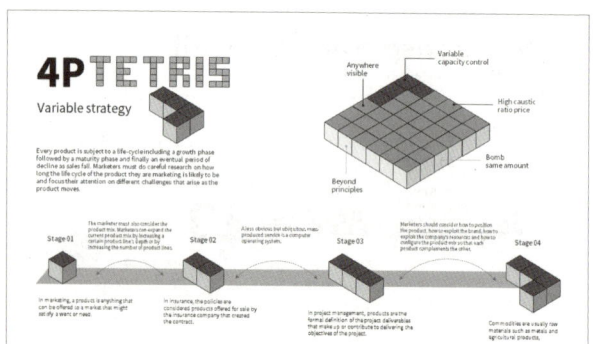

분석 결과 시장 상황에 대처할 수 있는 계획이 절실히 필요합니다
가장 작은 모듈을 가지고 계속 복제하여 사용하면 일관성이 높아진다.
clip art : openclipart.org

GALLERY

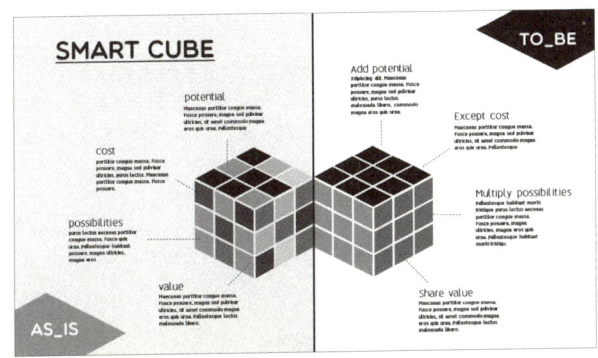

최적화 결과를 위해서 우리는 무엇을 수정하고 보완해야 할까요?
맞춰지기 전의 큐브와 맞춰진 큐브를 현재와 미래로 상상해보자.

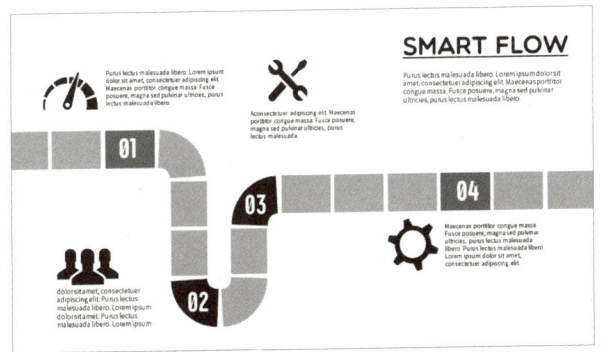

스마트 플로우를 살펴보면 2번과 3번 단계가 어려운 구간입니다
타임라인도 모듈을 이용하면 다양한 모양과 길이를 표현할 수 있다. 원호와 직선을 이용하자.

도/해/식 배경으로
사진을 사용하고 싶다면?

도/해/식을 표현하는 단계는 드로잉 – 픽토그램(아이콘, 클립아트)으로 대부분 이뤄지지만, 사진을 사용해야 더 매력적인 경우가 생긴다. 즉 실물을 보여줘야 한다면 이미지를 배경으로 사용해야 한다.

도해식으로 드로잉과 픽토그램을 사용하면 단순하게 정보를 전달한다. 사진으로 대체하는 게 좋다면 배경에 맞는 사진이 필요하다.
icon : nounproject.com

밝은 이미지는 전체 정보의 가독성을 떨어뜨린다. 주인공 정보가 드러나지 않으니 산만하다.

사진과 이미지 위에 정보를 제시할 때는 60% 정도 이상의 여백이 필요하다. 여백이 부족하다면 이미지 전체를 더 어둡게 처리해서 전달하려는 정보가 잘 보이도록 한다.

이미지는 여백이 충분히 있어야 하고, 되도록 어두운 면이 많아야 정보가 두드러진다.
image : pexels.com

배경을 더 어둡게 하고, 필요한 부분만 하이라이트로 만들면 도해식의 정보는 더 빛난다. 다양한 방법으로 이미지를 사용해보자.

TIMELINE

흐름이 보여요
시간

　지금은 어느 단계에 해당하나요? 시계열로 사건을 풀어보겠습니다. 이제 정말 시간이 얼마 남지 않았습니다. 촌각을 다투고 있습니다. 3년의 비즈니스 플랜을 보여드리겠습니다. 저는 5년 동안 다양한 경험을 했습니다. 6개월의 공사 기간을 4.5개월로 단축하려고 합니다. 타임라인을 살펴보면서 특징을 말씀드리겠습니다. 그들에게 시간을 되돌려 주어야 합니다. 잃어버린 시간을 보상받을 방법은 없을까요? 직급에 따라 차례대로 면담시간을 갖겠습니다. 현재와 미래 사이에 우리가 해야 할 미션은 무엇일까요? 문제를 해결하기까지 5단계를 거쳐야 합니다. 먼저 이번 프로젝트의 전체 흐름을 보여드리겠습니다. 우리의 인생 시계는 몇 시를 가리키고 있을까요?

주어진 24시간, 골든 타임, 인생 시계, 시간이 촉박한, 촌각을 다투는, 긴급한, 12시 정각, 시간이 아까운, 3시 방향, 10시 10분, 아침 점심 저녁, 집중할 타임, 타임리스, 인 타임, 시간 소비자, 시간은 돈, 시간이 아깝지 않은, 시간을 되돌려, 1분 1초도 아까운, 표준 시간, 기준이 되는, 과거 현재 미래, 프로세스, 흐름이 보이는, 공정시간, 절대 시간을 지키는, 같은 간격, 피시 본, 빠르게 변하는, 거리 계산, 주어진 시간, 역순, 정주행, 속도를 내는, 추가 시간, **약속된 규칙**, 범위가 있는, 3분 발표, 1분 자기소개, 일 월 년, 인생, 시계탑, 시간 관리, 계획표, 일주일, 달력, 기념일, **시점을 잡은**, 거점이 중요한, 찰나에 지나가는, 추억으로 사는, 유년 시절, 여정, 방학 생활 계획표, **일정표**, 365일 열린, 짧은 만남 긴 여운, 성장 일기, 진화하는, 역경을 이겨낸, 시간을 달려서, 사계절….

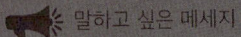 말하고 싶은 메세지

4단계 솔루션으로 목표를 향합니다

STEP 01 : 파악해요

FACT

회사 비전 전략을 흐름 중심으로 전달
새로운 4단계 이슈와 솔루션 내용 제시

STEP 02 : 정의해요

So what

회사의 비전 WAY, 4단계로 완성합니다
4단계를 거쳐 이슈에 발 빠르게 대응합니다
비전 달성을 위한 4가지 해결책입니다

STEP 03 : 연상해요

현재와 미래를 양쪽에 놓고 피시 본으로 그려보면 어떨까?

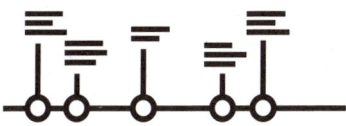

길을 걷는다고 가정하고 만나는 문제를 제시해야지….

내용이 많다면 굽은 도로를 만들어서 흐름을 연결하자.

뛰어넘고, 도움닫기하고, 목표에 깃발을 꽂자.

STEP 04 : 그려봐요

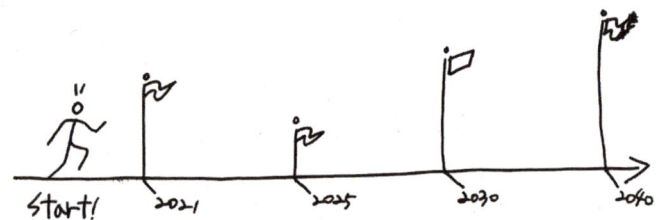

길을 걷거나 뛴다고 생각하자. 현재가 있고 목표가 있으니 그곳까지 가는 여정은 다양할 듯. 내비게이션이 있다면 빠른 길, 최적길, 고속도로, 국도를 선택할 수도 있다. 그 사이에 거점과 정류장을 세워 이야기를 만들면 어떨까? 하이패스도 굿!

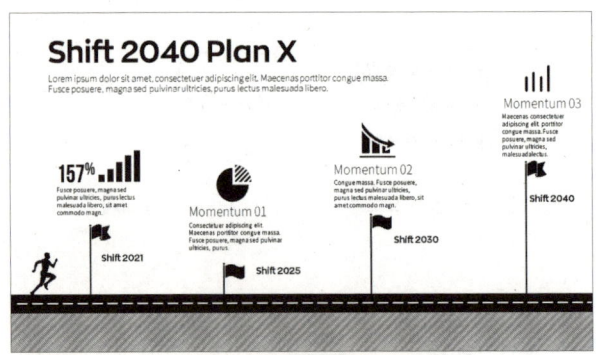

지금부터 4개의 지점을 빠르고 정확하게 통과해야 합니다
도로 위에서 전력 질주. 4개의 지점을 정해진 시간 안에 통과해야만 성공에 이른다고 상상하자. 사람이나 자동차를 작게 집어 넣으면 첨경이 되는데 스케일을 크게 보여줄 수 있다.

STEP 05 : 만들어요

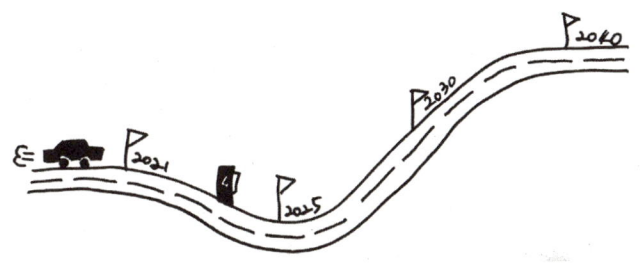

마라톤 코스는 꼭 직선만 있는 것은 아닐 테니 곡선으로 도로를 그리고 그 위에서 달리는 것을 상상하자. 자동차로 비유해서 충전하고, 휴게소도 들려보면 어떨까?

4단계 거점마다 필요한 시간, 조건이 모두 다르므로 최적화가 필요합니다
곡선을 드로잉해서 슬라이드로 사용하면 자연스러운 느낌을 얻을 수 있다. 이때는 너무 두껍지 않은 펜으로 그리자.

STEP 05 : 만들어요

자유 곡선이 너무 울퉁불퉁해서 전문성이 떨어져 보인다면? 자유형 도형으로 라인을 만들어서 도로를 완성하자. 자동차 픽토그램을 올리고 거점용 깃발과 충전소도 세워보자.

정보의 흐름을 단계와 플로우를 보여줘야 한다면? 점차 높아지는 계단을 빠르게 올라가거나 높이가 다른 허들을 뛰어넘어 목표에 이르게 하자.

STEP 06 : 벗어나요

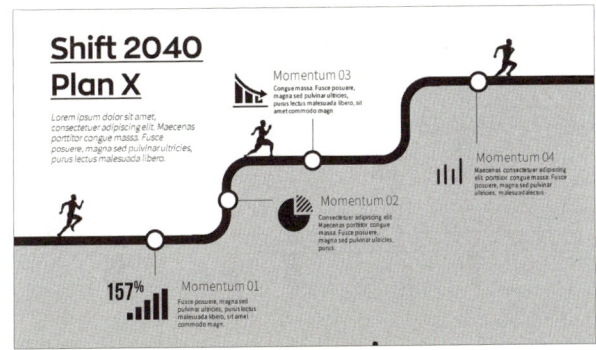

우리는 3단계 흐름으로 4개 지점을 빠르게 확보할 것입니다
계단을 직각 보다는 부드럽게 만들어 달릴 수 있도록 하자.

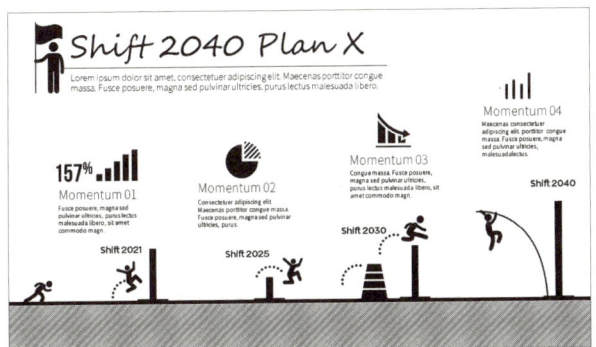

거점에서 발생하는 이슈 해결은 바른 기술 지원이 생명입니다
같은 높이와 거리에 있는 허들을 넘으면 재미없으니 높이와 거리를 다르게 하자.
그리고 필요한 지원사항을 재미있게 표현해 보자.

GALLERY

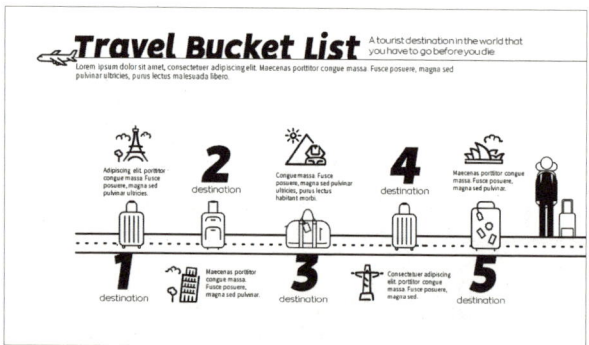

소확행! 꼭 가봐야 할 여행지를 연결해 볼까요?
빠르게 도해식을 만들고 싶다면 먼저 흐름과 구조를 잡고 숫자를 붙이고 내용을 넣는다. 픽토그램과 이미지는 마지막 선택 사항!

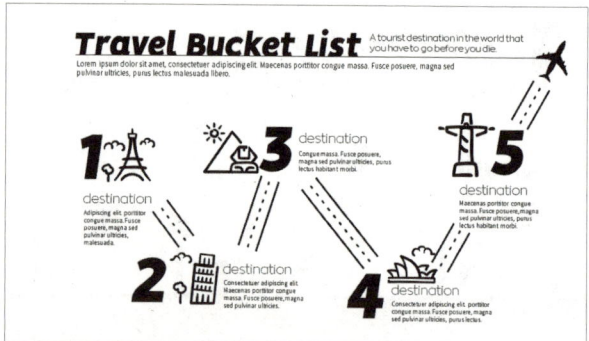

인생 여행지 버킷리스트! 새로운 코스를 추천합니다
직선은 딱딱하고 사선은 빠른 느낌이다. 지그재그 직선 곡선으로 여행의 재미까지 전달하자.

GALLERY

현재 추세라면 머지않아 투자 절벽이라는 상황을 직면합니다
시간 변화의 끝은 절벽이라는 플로우 라인과 절벽을 연결하자.

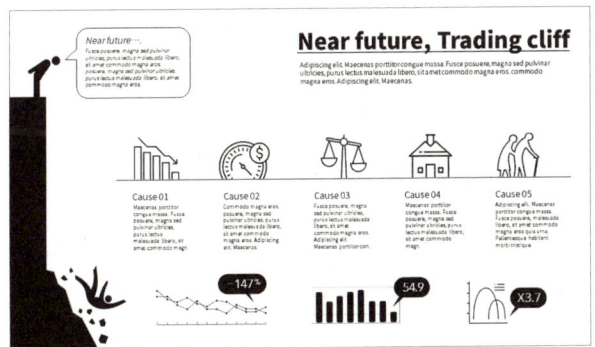

10년 후 투자 절벽이 올 수밖에 없는 이유는 무엇일까요?
오히려 결과를 앞에 두는 것도 재미있다. 주장을 먼저 하고 그 이유를 과거 – 현재 – 미래로 증명하는 타임라인을 만들면 어떨까?

GALLERY

==철저한 3단계 준비로 반드시 목표를 달성하겠습니다==
마라톤 선수를 상상해 보고 스타트 – 반환점 – 골라인을 흐름으로 계속 올라가는 계단을 그리자.

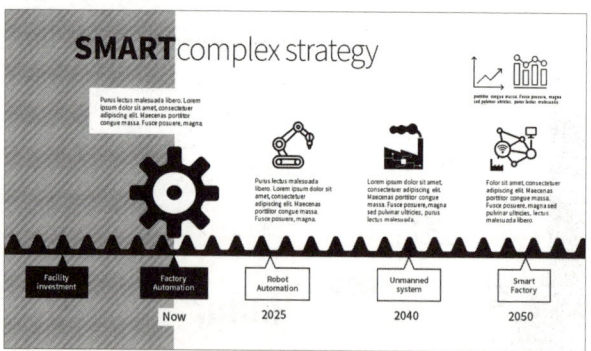

==2050년까지 맞춤형 전략을 통해 스마트 팩토리를 실현합니다==
톱니바퀴를 돌리는 벨트를 그리면 훌륭한 타임라인 도해식이 완성된다.

GALLERY

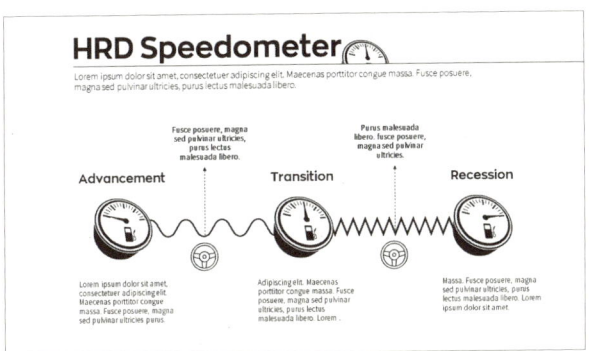

좋은 교육 시스템은 학생들에게 끊임없이 에너지를 충전해 주는 것입니다
시간에 따른 속도계, 충전 상태, 기름양, 효율 등급을 활용하면 색다른 결과가 만들어진다.

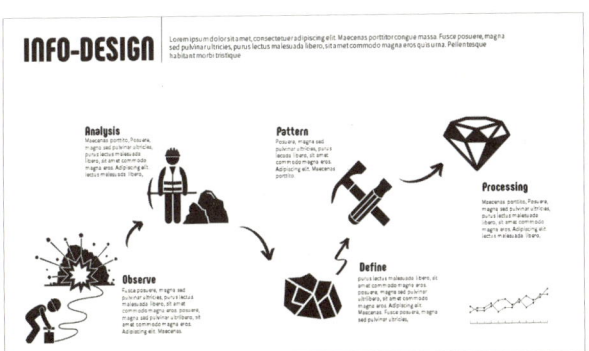

수많은 데이터 광물에서 보석 같은 정보를 찾는 과정은 험난합니다
다이아몬드를 만드는 5단계로 정보를 찾고 깨뜨리고 다듬고 광내는 과정을 비유해 보자.

도/해/식에서 중요도에 따라 강약을 조절하려면?

정보의 중요도가 명확하면 상대방도 빠르게 정보를 판단하고 받아들인다. 먼저 도/해/식의 전체 흐름을 만들고 주연과 조연을 구분한 후 숫자를 붙이자.

1단계 : 전체 단계와 항목, 화살표를 모두 배치하여 완성한다. 이때는 같은 컬러를 적용한다.

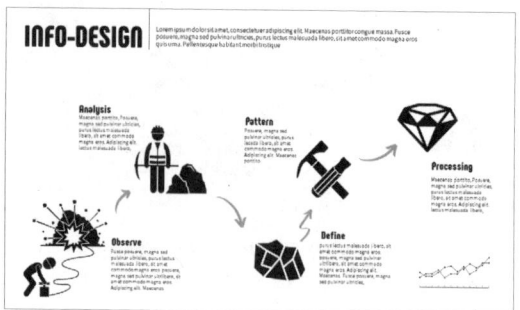

2단계 : 단계별 내용을 강조하고 싶다면 화살표를 회색으로 바꿔서 강약을 조절한다.

강약을 조절할 때 모두 강하게 만들면 도/해/식 전체가 산만하고 집중도가 떨어지므로 약하게 만들 부분도 찾아야 한다.

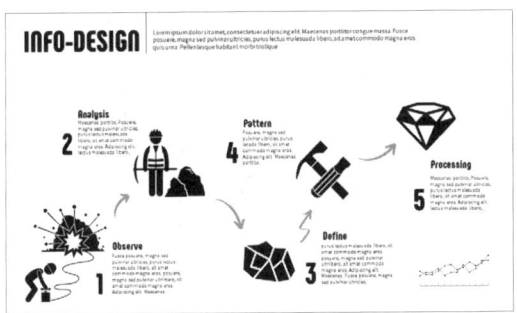

3단계 : 좀 더 명확하게 구분하고 싶다면 숫자를 차례로 써넣는다. 숫자와 흐름이 합쳐진다.

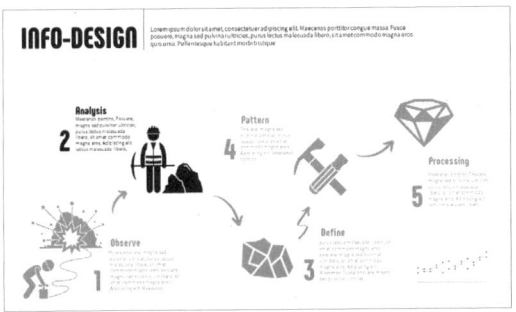

4단계 : 전체 과정에서 특정 단계를 강조하고 싶다면 더 강하게 강조하지 말고 나머지 항목을 약하게 만든다. 픽토그램, 화살표, 내용 등을 모두 회색으로 처리하면 원하는 단계만 눈에 띈다.

의미가 깊어져요
메타포

　함께해서 지혜의 숲을 이루겠습니다. 리더는 지표가 되는 등대입니다. 경쟁이라는 허들을 빠르게 넘어야 합니다. 10년 뒤 인구 절벽을 맞이하게 됩니다. 천천히 계단을 오르듯 꾸준한 노력이 필요할 것입니다. 지금 발견된 문제점은 빙산의 일각이죠. 보이는 것보다 보이지 않는 리스크를 관리해야 합니다. 뿌리 깊은 기술은 경쟁에서 흔들리지 않습니다. 세일즈 1위의 과녁을 쏘았습니다. 매장은 거미줄처럼 촘촘하게 확장되어 있습니다. 교육을 통해 개인마다 필요한 퍼즐 조각을 찾으세요. 제품과 AS는 바늘과 실입니다. 성공이라는 플라스크에 무엇을 채워야 할까요? 함께 산학협력이라는 페달을 밟아야 합니다.

어려움 극복 허들, 노력과 결실 나무, 채우는 플라스크, 보이지 않는 위험과 잠재력 빙하, 위너 올림픽 단상, 필요한 관계 바늘과 실, 공정 알림 타임라인, 상생 악어와 악어새, 울고 웃는 날씨, 핵심 에스프레소, 모든 목표 사람, 적재적소 플러그, 이정표 도로, 표정 관리 이모티콘, 손에 잡히는 돈, 에너지 충전, 서로를 연결하는 다리, 영향력 민들레 홀씨, 맞물려 돌아가는 톱니바퀴, 발전 순서 계단, 오르고 내리고 사다리, 오르는 방법 등산, 미래 길잡이 등대, 핵심 추출 깔때기, 이쪽저쪽 마일스톤, 무게 재는 양팔 저울, 세월의 흔적 나이테, 안전 주의 위험 신호등, 보호 구역 우산, 10점 만점 타겟, 돌에서 보물로 만드는 다이아몬드, 현재 위치 속도계, 시작과 끝 전원 버튼, 튼튼한 육각형 벌집, 동선 확인 시계, 노력하는 자전거, 함께 힘을 모으는 조정 경기, 단계별 소통 와이파이….

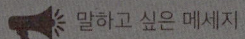 말하고 싶은 메세지

좋은 인재는
뿌리가 깊습니다

STEP 01 : 파악해요

FACT

핵심인재 양성 프로그램 제안
인재 개발 시스템 필요성 부각

STEP 02 : 정의해요

So what

좋은 인재를 위한 좋은 시스템이 필요합니다
우수 인재를 위한 장기 플랜입니다
균형을 갖춘 인재는 성장 과정이 다릅니다

STEP 03 : 연상해요

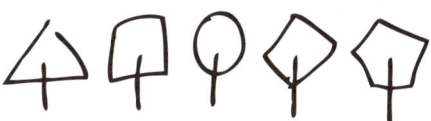

좋은 인재란 각자 장점을 극대화한 사람들이지….

잘하고 좋아하는 일을 함께하는 워라밸(일과 삶의 균형)….

아름드리 성과 속에는 노력하는 기본자세, GOOD!

인재는 나무를 가꾸듯 단계별로 좋은 시스템이 필요하지….

STEP 04 : 그려봐요

핵심 인재의 성장 과정을 나무라고 여기고 그리자. 회사는 인재를 알아보고 그 성장을 돕는 코치. 새싹 – 작은 나무 – 아름드리 – 그루터기가 되는 과정을 알려주자.

드로잉한 결과를 잘 살펴보고 비례를 조절해야 한다. 새싹이 너무 크다면 슬라이드로 옮긴 후 각각의 이미지로 잘라내어 상대적인 크기를 맞추자.

STEP 04 : 그려봐요

드로잉이 마음에 들지 않는다면 인터넷에서 나무를 찾아보자. 새싹, 마른 나무, 열매를 맺은 나무, 큰 나무, 뿌리가 깊은 나무….
icon : thenounproject.com

모양이 다른 나무, 목적이 다른 나무도 찾자. 픽토그램이나 클립아트를 사용할 때는 일관성과 통일성이 있도록 같은 형식을 찾아 활용하자.

STEP 05 : 만들어요

훌륭한 인재는 그 시작과 끝이 다릅니다
새싹부터 그루터기로 이어지는 과정을 3단계로 구분하여 설명하면 정보 흐름이 쉽게 보인다.

전체를 보여줬으니 그다음부터는 각 단계를 크게 만들어 설명하자. 흐름에 따라 주요 내용을 직관적으로 전달할 수 있다.

STEP 06 : 벗어나요

훌륭한 인재 뒤에는 우수한 시스템이 존재합니다
인재에게 필요한 시스템을 뿌리 깊은 나무라고 정의하자. 우수한 나무로 성장하기 위해서는 어떤 노력과 영양분이 필요한지 설명할 수 있다.

인재의 모습이 다양하듯 시스템도 변화에 민감해야 합니다
다양한 인재의 모습을 품종이 다른 나무라고 생각하자. 차이를 말할 수 있다.
icon : thenounproject.com

GALLERY

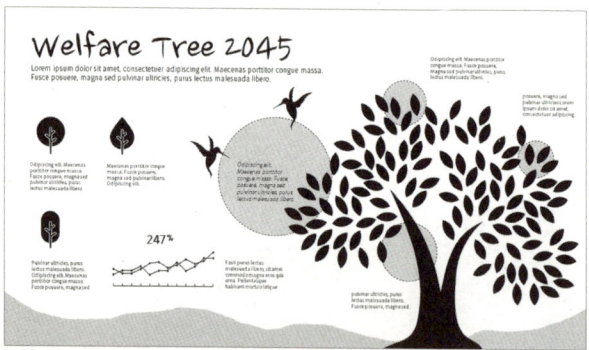

복지란 함께 나눌 수 있는 영역을 더 크게 키우는 일입니다
어떤 복지를 펼칠지 미래의 큰 잎과 열매가 많은 나무를 이야기하자.

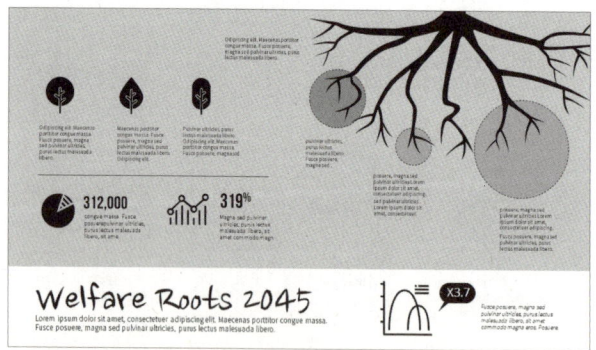

큰 복지, 나누는 복지, 지금부터 촘촘한 계획과 실천이 필요합니다
앞쪽에서 미래를 보여줬다면 뒤쪽에서는 실천해야 하는 전략, 즉 뿌리를 말하면 대비 효과가 생긴다.

GALLERY

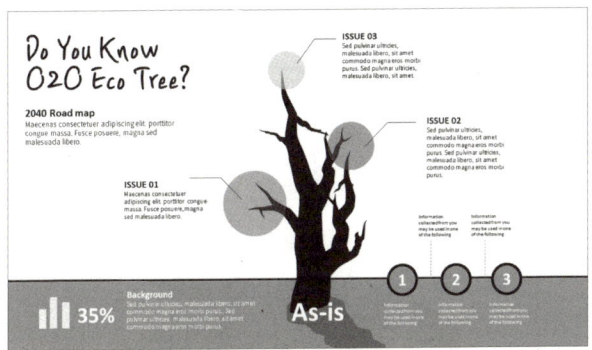

경쟁에서 뒤처지고 있다면 급변하는 기술 환경에 적응해야 합니다
새싹이나 작은 나무가 아닌 죽은 나무를 현재라고 강하게 말하면 내용의 심각성이 주목받는다.

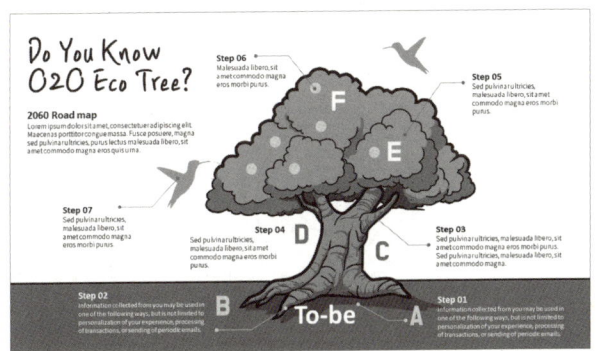

시장과 변화와 소비자 니즈에 맞는 O2O 환경을 구축하겠습니다
AS-IS, TO-BE 형식으로 앞의 상황과 상반되는 결과를 만들면 흥미롭다.
clipart : openclipart.org

GALLERY

<mark>지금의 혜택을 더 많은 아이에게 나눠주고 싶습니다</mark>
아이들의 미래를 큰 나무, 잎이 무성한 나무라고 생각하자. 복지, 행복, 미래, 꿈을 이야기하자.

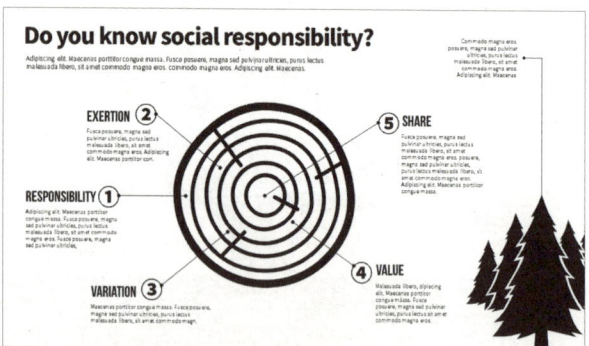

<mark>사회적 기업의 구성은 이익 추구 회사와 근본이 다릅니다</mark>
나무 속을 보여주자. 어떻게 생겼는지 나이테를 낱낱이 알리자. 그래서 어떤 결과를 원하는지 말하자.

GALLERY

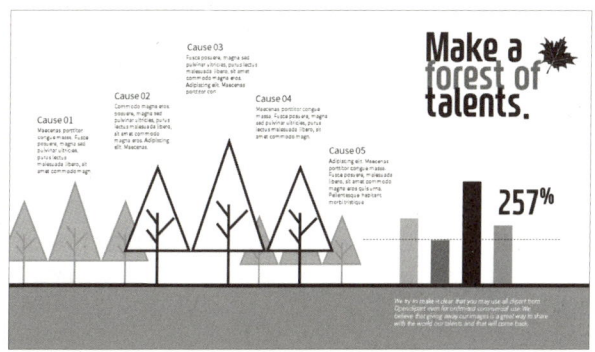

지혜의 숲을 만드는 시간은 길겠지만, 대학의 사명입니다
도달하려는 목적지가 무엇인지, 나무를 키워서 무엇을 만들려고 하는지 숲의 여정으로 말하자.

큰 나무로 생장하는 비결은 해와 바람과 비, 그리고 토양입니다
더 성장하기 위한 요소, 준비, 조건 등을 나무와 땅과 환경으로 치환해서 보여주면 설득력은 높아진다.

GALLERY

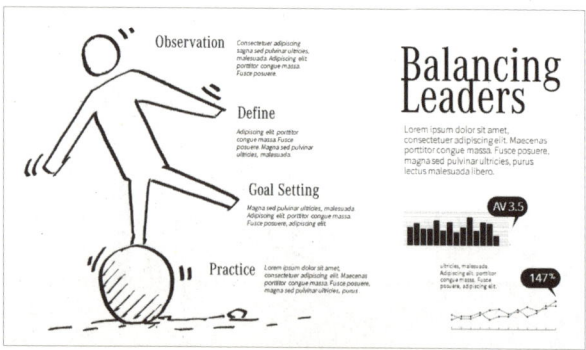

<mark>우리는 지금 일과 삶의 균형을 지킬 수 있는 리더를 원합니다</mark>
훌륭한 리더, 혁신적인 리더는 지겹다. 좀 더 구체적이고 색다른 정의를 내리고 그려보자.

<mark>워라밸은 현대인들에게 일과 삶의 균형을 유지해야 함을 일깨워줍니다</mark>
양팔 저울 위에 다양한 품목의 무게를 달자. 그러면 이야기가 풍성해진다.

GALLERY

판매되는 공정무역 커피는 3가지 원칙을 지키고 있습니다
원칙, 정도, 기본, 균형, 수평을 말하고 싶다면 양팔저울을 활용하자. 신뢰도를 얻을 수 있다.

삶과 일의 균형은 개인의 피나는 노력과 정비례합니다
사진 중에서도 균형을 말할 수 있는 것을 찾아 도해식을 완성하자.
image : pixels.com

GALLERY

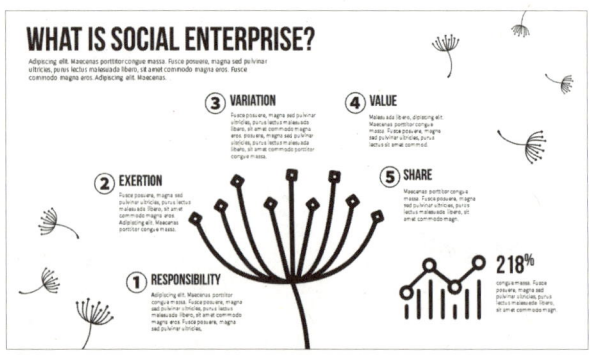

사회적 기업은 국가의 지원과 의지로 확산됩니다
민들레 홀씨는 모였다가 흩어지고, 다시 씨앗이 되어 자라 열매를 맺는다. 메타포 아이디어는 멀리 떨어져 있는 요소를 연결할 때 더 빛난다.

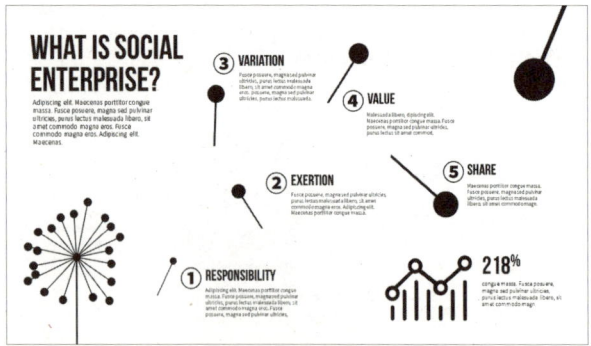

사회적 기업은 나눔과 상생을 세상에 전파합니다
지식이 지혜로, 노력이 결실로, 나눔이 상생으로 이어지고 다시 자라는 모습을 상상하자.

GALLERY

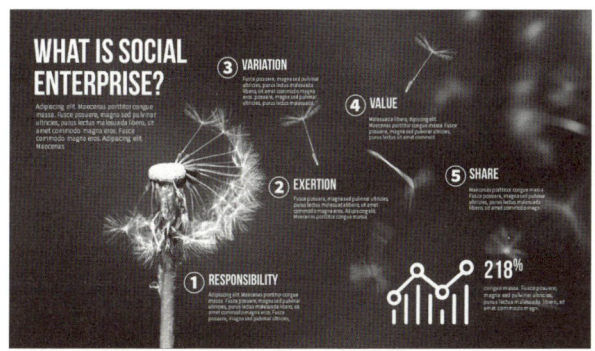

모두를 위한 가치 창출, 더 풍성하고, 더 멀리 바라보겠습니다
같은 의미라도 사진을 이용하면 감정에 더 몰입할 수 있다.

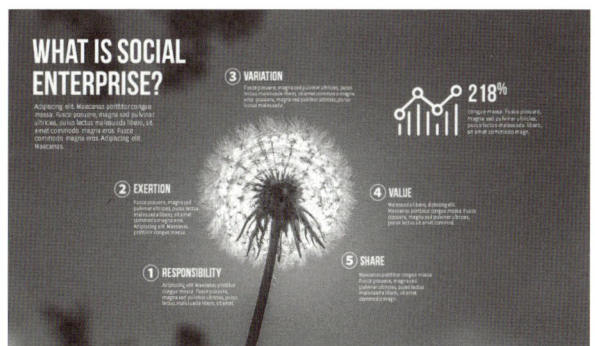

나눔과 확산에는 기술, 태도, 변화에 대한 준비가 필요합니다
어떤 사진을 사용하느냐에 따라 그 의미와 해석이 달라진다.
image : pixels.com

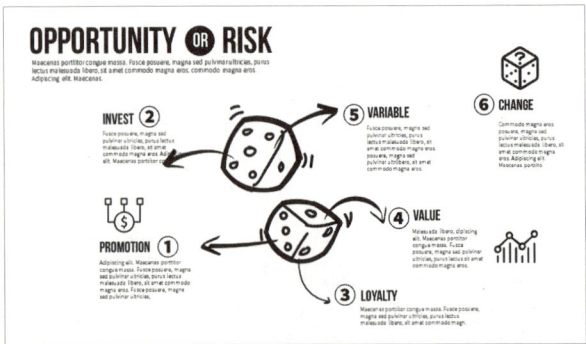

투자 유치 사업은 기회와 위험이 항상 공존합니다
두 가지 의미를 지니고 있는 대상이나 사물을 찾아보자. 동전의 앞뒤, 주사위의 6개 얼굴, 손바닥….

투자 유치 사업도 초콜릿 상자와 같으니 주어진 시험을 잘 치러야 합니다
영화 속 대사, 소설 속 주인공의 독백, 자연 현상과 사물의 변화에 귀를 기울여야 메타포 능력이 높아진다.

GALLERY

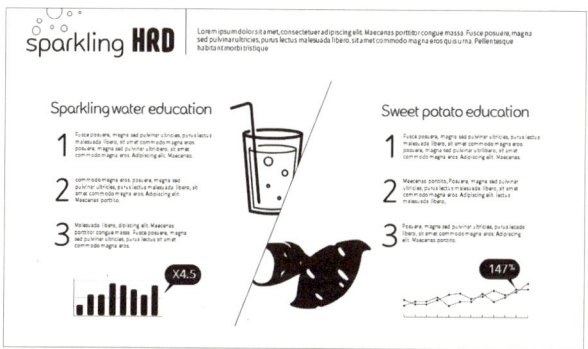

==세상에는 사이다 같은 강의와 고구마 100개 먹은 강의가 존재합니다==
도움 되는 시원한 교육, 꽉 막힌 답답한 교육! 위트가 있으면 정보는 즐거워진다.

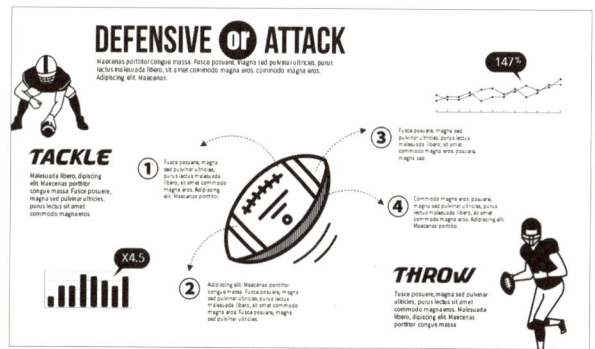

==시장 변화에 대비하는 이유는 소비자의 마음은 종잡을 수 없기 때문이죠==
럭비공처럼 어디로 튈지 모르는 상황을 비유하면 고개가 끄덕거려진다.

GALLERY

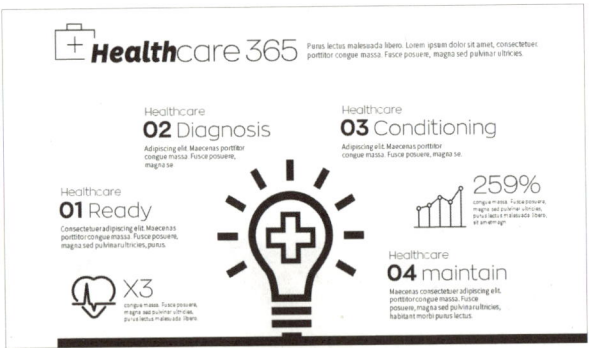

헬스케어는 우리 행복 수준을 높고 빛나게 합니다
메타포에서 전구는 만능이다. 반짝인다. 빛난다, 희망이 보인다, 창의적이다. 하지만 조금 전형적이다.

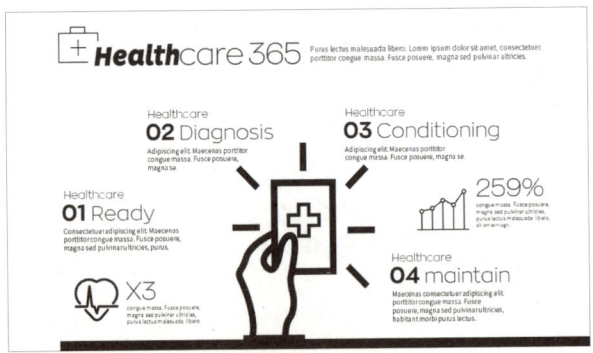

헬스케어는 현대인들에게 옐로 카드를 내밀고 있습니다
축구 경기에서 볼 수 있던 것을 생활 속에서 만나면 신기하고 반갑다. 연예인처럼.

GALLERY

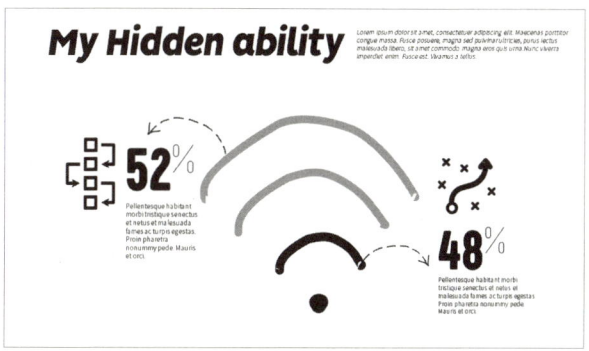

저의 능력을 회사에서 확산시키고 싶습니다
전파하다, 확산하다, 전달하다, 통하다, 가능하다 등을 와이파이 상징에 담자.

공정무역 커피로 지구와 사람을 위한 지속가능함을 실천하세요
무한대 표시로 순환과 끊임없다는 것을 말하자. 무엇을 담아도 멋진 의미와 표현이 만들어진다.

GALLERY

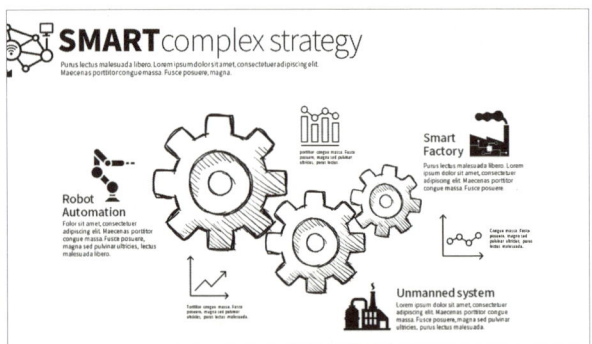

지능형 산업 전략의 3가지 핵심은 기술, 시스템, 자동화입니다
톱니바퀴는 재주꾼이지만 너무 많이 쓰면 올드해 보인다. 펜으로 드로잉하면 새롭게 느껴진다.

인재 양성의 1순위는 구성원들의 자존감을 회복하는 것입니다
3개의 톱니바퀴 중에서 무엇을 먼저 돌려야 할까? 질문하고 그 답을 그려 보자.

GALLERY

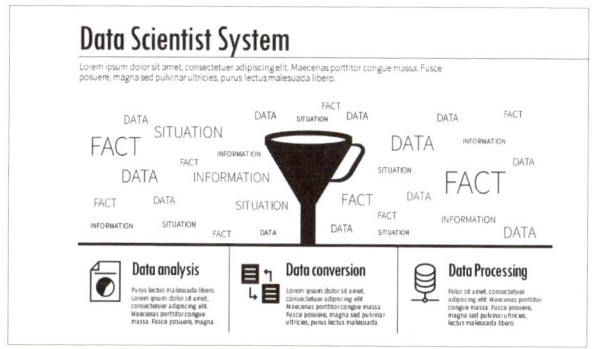

데이터 과학은 수많은 데이터 속에서 시장을 예측하고 판단합니다
깔때기와 모래시계는 많은 것 중에서 핵심을 뽑는 과정으로 비유할 수 있다.

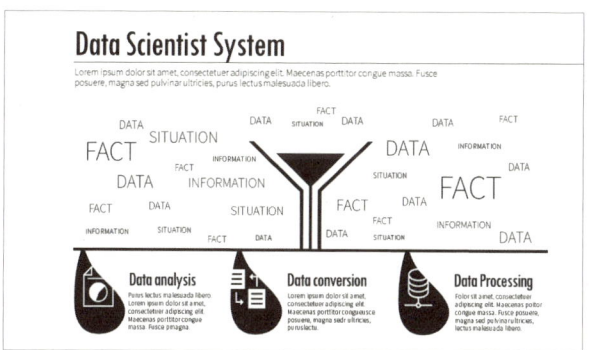

이미지, 픽토그램, 클립아트가 변경되어도 그 의미는 달라지지 않는다. 결국, 다르게 정의하는 힘이 필요하다.

GALLERY

어떤 기업이 가치를 높이고 빠르게 변화하고 있을까요?
100개의 계단 위에 기업의 가치를 올리자. 순위가 보이고 오르고 내리는 모습을 그릴 수 있다.

보험은 '나를 위해서'가 아닌 '우리 가족을 위해서'입니다
날씨와 우산, 검정과 하양, 실선과 점선은 이익과 불이익, 긍정과 부정, 안전과 위험을 말한다.

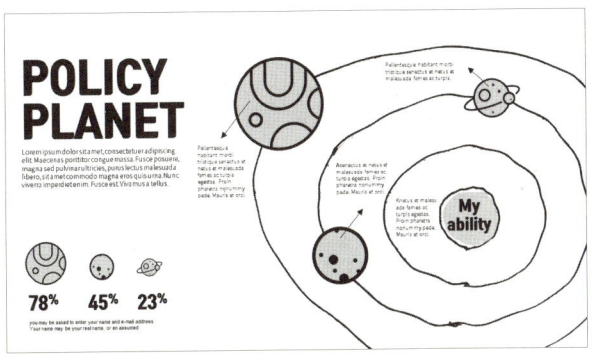

내 능력의 태양계에는 크기와 속도가 다른 3개의 행성이 존재합니다
나의 능력과 특징을 태양계에 담으면 크기와 위치를 비교할 수 있다.

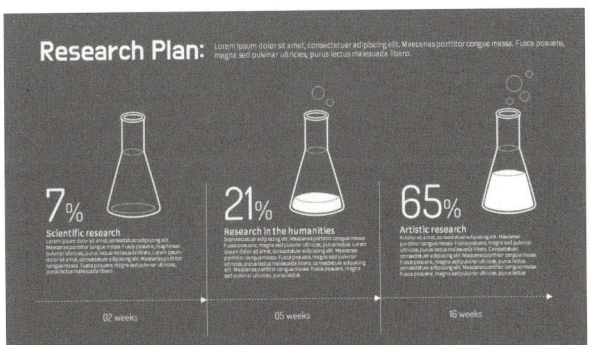

새로운 연구는 3개 중점 항목으로 추진될 예정입니다
말하고 싶은 분야의 상징이나 사물에 이야기를 담자. 상대방은 좀 더 익숙하게 받아들인다.

GALLERY

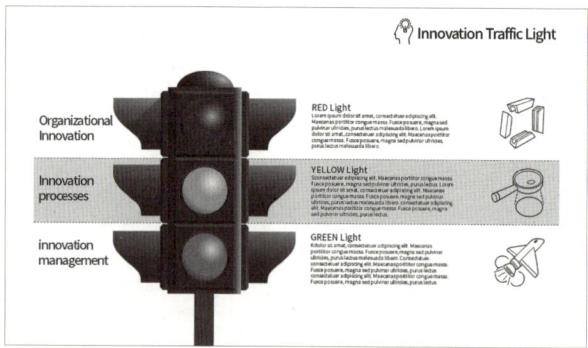

혁신으로 가는 길에는 안전, 주의, 위험을 알리는 삼색 신호등이 있습니다
신호등의 삼색(안전 – 초록, 주의 – 노랑, 위험 – 빨강)으로 이야기를 만들어 보자. 상징성이 높다.

마케팅 전문가가 되기 위해 지금까지 6개의 근육을 단련해왔습니다
능력을 나열하지 말고, 무엇을 위해서 노력했는지 말하고 색다른 이름을 붙이면 흥미롭다.

GALLERY

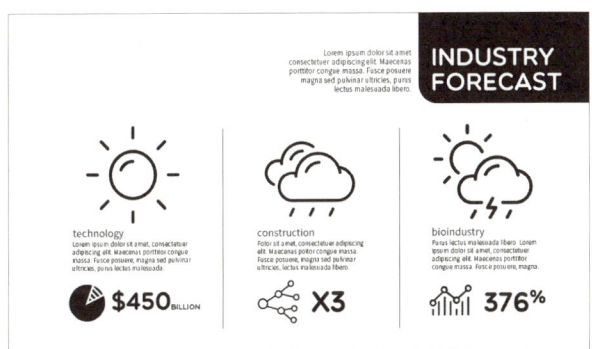

산업 동향 보고서에 따르면 조금 우울한 한 해가 될 것으로 전망합니다
날씨로 상황을 말하면 남녀노소 누구나 이해가 쉬워진다. 너무 장난스럽게 표현하는 것은 금물.

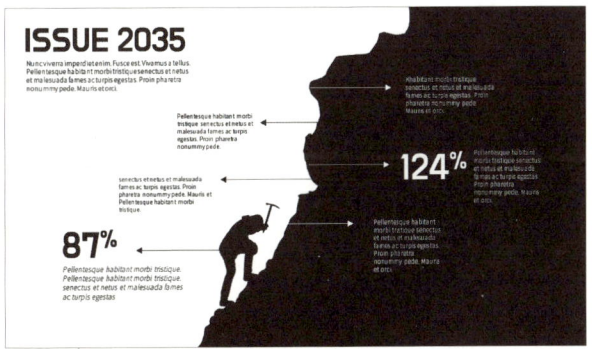

발빠른 이슈 대응으로 어려운 경쟁 환경을 극복합니다
눈과 얼음이 있는 산에 올라가는 상황이라고 비유하면 단단한 의지가 분출된다.

도/해/식에서 메타포의
수준을 높이려면?

내용을 무엇으로든 연상하려면 먼저 전달할 정보의 구체적 정의가 필요하다. 이때는 수식어와 최상위 표현을 줄여서 모호하지 않도록, 단어와 문장에서 이미지가 그려지도록 해야 한다.

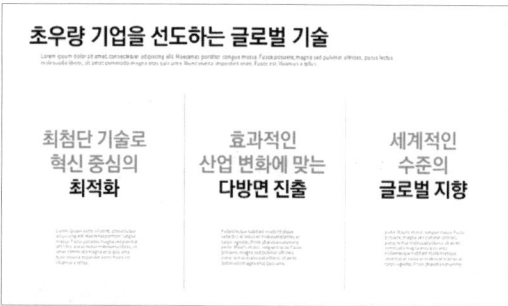

부사와 형용사로 무장한 수식어는 그림이 그려지지 않는다. 최상위 단어도 마찬가지.

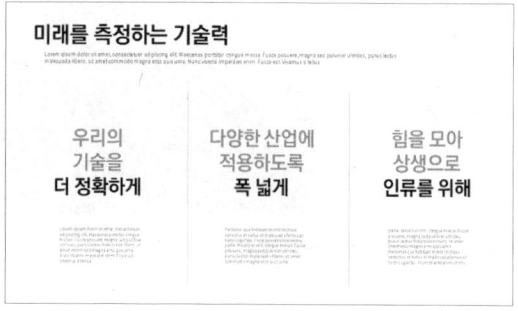

어떻게든 다르고 새롭게 정의 내리자. 기존에 있었던 단어와 문구에서 탈출하자.

의도를 분명히 한 후 제목을 정하고(So What), 상대의 질문에 답할 수 있는 근거(Why So)를 정의해서, 단어와 문장을 쓴다. 되도록 쓰지 않았던 낯선 단어와 문장은 도/해/식의 연상 범위를 넓힌다.

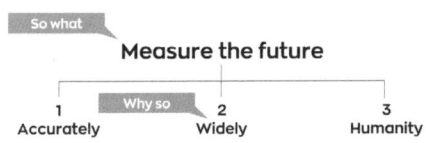

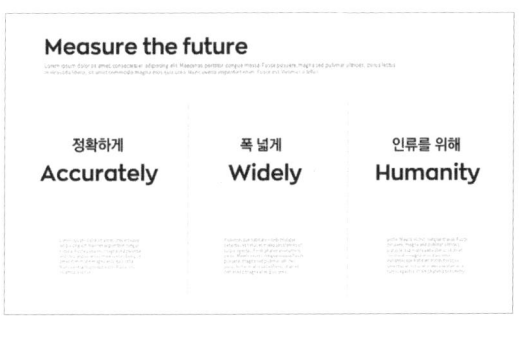

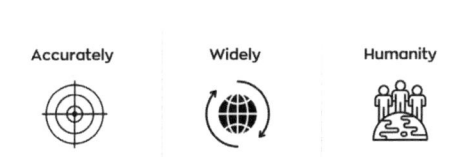

단어를 말했을 때 바로 떠올리는 연상은 1차 연상(강한 연상)에 해당한다. 너무 흔하거나 당연하게 느껴질 수 있으므로 좀 더 많은 연상을 해봐야 한다.

도/해/식에서 메타포의
수준을 높이려면?

메타포로 빗대는 연상력 범위는 자신이 지닌 지식과 경험에 정비례한다.
내용을 단어와 문장으로 정의한 후 경험과 지식에 다양하게 연결하여
연상하고 그 결과를 그려야 한다.

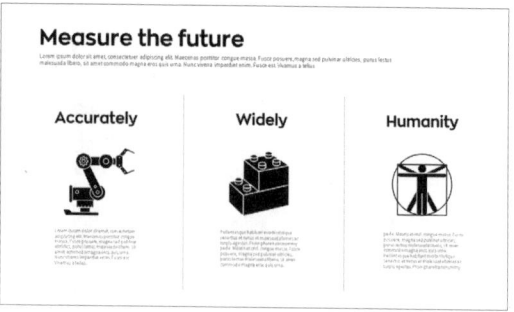

좋은 메타포를 위해서는 내용을 구체적으로 정의하고 확장해 나간다.
예를 들어 Widely는 [사업 확장 - 조립과 분해 - 블록 놀이 - 레고]라
고 연상을 할 수 있다.

대상을 비유할 때는 1차 연상(강한 연상)인 직유와 2차 연상(느슨한 연상)인 은유를 사용한다. 만약 내용을 전달할 때 빠른 이해가 필요하다면 직유가 유리하고, 새롭게 정의한 결과의 의미를 높이고 싶다면 은유가 더 매력적이다.

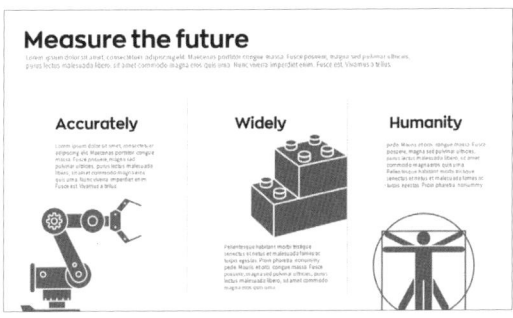

2차 연상(느슨한 연상)으로 만들어진 결과는 상대에서 새로움과 흥미를 유발한다.

새롭고 구체적인 연상 결과는 도해식 작업에서 다양하게 활용된다.

EPILOGUE

그래픽 레코더만의 독특한 설득 방법, 도/해/식은 머릿속으로 생각한 개념과 직관을 정의해서 세상에 내놓는 과정입니다. 낯설지만, 설득의 본질을 향하고 있어 분명 길을 잃지 않을 것입니다.

도/해/식은 그래픽 레코더들이 아니라 어쩌면 우리 모두가 사용해야 할 방법입니다. 이제 펜과 종이, 그리고 마우스만 있으면 무서울 것이 없습니다. 아트펜과 드로잉 북을 카트에 담는 여러분을 상상해 봅니다. 건투를 빕니다.